Le manuel complet du multimètre pour les débutants

Philippe Will

Clause de non-responsabilité

Table des matières

Introduction

Que vous soyez un passionné de bricolage, un étudiant, un amateur ou quelqu'un qui souhaite simplement comprendre comment les choses fonctionnent dans la maison, apprendre à utiliser un multimètre numérique est une compétence puissante et pratique. Cet outil compact peut sembler intimidant au début, mais avec les bons conseils, vous découvrirez bientôt qu'il s'agit de l'un des instruments les plus polyvalents que vous puissiez avoir dans votre boîte à outils.

1. Pourquoi apprendre à utiliser un multimètre ?

L'électricité alimente une grande partie de notre monde moderne, mais elle est souvent invisible et mal comprise. Un multimètre est votre fenêtre sur ce monde caché : il vous permet de mesurer la tension, le courant, la résistance, la continuité et bien plus encore. Qu'il s'agisse de vérifier pourquoi une lumière ne s'allume pas, de diagnostiquer une batterie défectueuse ou de tester un fusible de voiture, les multimètres peuvent vous aider à trouver la cause profonde des problèmes électriques de manière rapide et précise.

Apprendre à utiliser un multimètre peut vous faire économiser de l'argent sur les réparations professionnelles, augmenter votre confiance dans les projets domestiques ou automobiles et même ouvrir les portes à des carrières dans l'électronique, l'électrotechnique ou les travaux de maintenance. Plus important encore, il vous aide à comprendre le fonctionnement des systèmes électroniques et électriques, vous permettant ainsi de travailler plus intelligemment et en toute sécurité.

2. Ce que ce livre vous apprendra

Ce livre est écrit spécifiquement pour les débutants : aucune connaissance préalable en électronique n'est requise. Vous commencerez par apprendre les bases du fonctionnement d'un multimètre numérique et la signification de chaque paramètre et symbole. À partir de là, vous passerez progressivement à des instructions pratiques sur la façon de mesurer la tension, le courant, la résistance et la continuité.

Vous apprendrez également à utiliser un multimètre pour tester les batteries, diagnostiquer les problèmes des appareils ménagers, vérifier les composants automobiles, etc. Chaque chapitre comprend des instructions étape par étape, des illustrations claires et des exemples concrets pour vous aider à appliquer ce que vous avez appris en toute confiance.

À la fin de ce manuel, vous :

- Comprendre les différentes fonctions d'un multimètre numérique
- Savoir comment effectuer des mesures électriques en toute sécurité et avec précision
- Être capable de résoudre les problèmes électriques et électroniques de base
- Sentez-vous en confiance en utilisant un multimètre pour les tâches domestiques, de loisirs ou automobiles

3. La sécurité d'abord : comprendre la sécurité électrique de base

Avant de vous lancer dans l'utilisation pratique d'un multimètre, il est essentiel de comprendre une chose : la sécurité passe avant tout. Même des tâches électriques simples peuvent être dangereuses si elles ne sont pas effectuées correctement. C'est pourquoi ce livre commence par les principes de base de la sécurité électrique et continue de les souligner tout au long.

Vous apprendrez :

- La différence entre AC et DC et pourquoi c'est important
- Comment choisir les bons paramètres pour éviter d'endommager votre multimètre ou vous-même
- Pratiques de manipulation sûres lorsque vous travaillez avec des circuits sous tension
- Comment insérer et retirer correctement les cordons de test
- Que signifient les cotes de sécurité (CAT I, CAT II, etc.) sur les multimètres

Votre sécurité est toujours plus importante que n'importe quelle mesure. Avec les précautions et les connaissances appropriées, l'utilisation d'un multimètre numérique peut être sûre, informative et même amusante.

Chapitre 1 : Apprendre à connaître le multimètre

1. Qu'est-ce qu'un multimètre ?

Un multimètre est un instrument de mesure électronique polyvalent qui combine plusieurs fonctions de mesure en un seul appareil. Le nom vient de sa capacité à mesurer plusieurs unités : tension (volts), courant (ampères) et résistance (ohms). Certains modèles avancés testent également la continuité, les diodes, la température, etc.

Que vous soyez un amateur, un bricoleur ou quelqu'un qui commence tout juste à s'initier à l'électronique, le multimètre est un outil essentiel pour dépanner les circuits électriques et diagnostiquer les problèmes dans tous les domaines, des appareils électroménagers aux véhicules.

À la base, un multimètre vous aide à répondre à des questions électriques de base telles que :
- L'alimentation atteint-elle cet appareil ?
- Ce fil ou ce fusible est-il toujours bon ?

- Quelle quantité de courant circule dans un circuit ?

2. Types de multimètres : analogique ou numérique

Les multimètres sont disponibles en deux types principaux : analogiques et numériques.

Multimètre analogique
- Utilise une aiguille mobile pour afficher les lectures sur une échelle.
- Préféré par certains pour surveiller les changements lents de tension.
- Peut être plus difficile à lire et moins précis.
- Nécessite une interprétation plus prudente.

Multimètre numérique (DMM)
- Affiche les mesures sur un écran numérique.
- Plus facile à utiliser et à lire, surtout pour les débutants.
- Plus précis et fiable.
- Inclut généralement des fonctionnalités supplémentaires telles que la sélection automatique, la conservation des données, l'affichage rétroéclairé, etc.

Les multimètres numériques sont au centre de ce livre en raison de leur simplicité, de leur précision et de leur popularité dans les applications modernes.

3. Comprendre les parties d'un multimètre numérique

Un multimètre numérique peut paraître complexe à première vue, mais une fois que vous en avez compris les principaux composants, il devient facile à utiliser. Décomposons les parties essentielles :

Écran d'affichage : Affiche vos mesures sous forme numérique. Certains modèles incluent des indicateurs supplémentaires pour les unités, le niveau de la batterie et le mode de mesure.

Cadran (sélecteur de fonction) : Le commutateur rotatif central permet de sélectionner ce que vous souhaitez mesurer (tension, courant, résistance, continuité, etc.).

Fils de test (sondes) : Généralement rouges et noirs, ils se branchent sur le multimètre et sont utilisés pour établir le contact avec le circuit ou le composant testé.

- **Plomb rouge :** Positif
- **Plomb noir :** Commun ou masse (COM)

Prises d'entrée (ports) :
- **COM (commun) :** Branchez toujours le fil noir ici.
- **VΩmA :** Branchez le fil rouge ici pour les mesures de tension, de résistance et de petits courants.
- **10A ou 20A :** Utilisé pour mesurer des courants plus élevés (uniquement lorsque spécifié).

Bouton Maintenir : Gèle la lecture affichée pour plus de commodité.

Bouton de rétroéclairage (si disponible) : Active l'éclairage de l'écran pour les environnements sombres.

4. Symboles courants et leur signification

Les multimètres utilisent des symboles pour représenter les différentes fonctions et paramètres. Voici quelques-uns des plus couramment utilisés :

Tableau 1 : Symboles courants et leur signification :

Symbole	Signification

V~ ou ACV	Tension CA
V— ou DCV	Tension CC
UNE ~	Courant alternatif
UN-	Courant CC
Oh	Résistance (Ohms)
Icône de diode	Mode de test des diodes
Onde sonore	Test de continuité (alerte sonore)
mA	Milliampère (petit courant)
μA	Microampère (très petit courant
°C ou °F	Température (si pris en charge)

Comprendre ces symboles vous permet de sélectionner en toute confiance le mode correct pour votre mesure, réduisant ainsi le risque d'erreurs ou de dommages.

Chapitre 2 : Configuration de votre multimètre

Que vous soyez bricoleur, électricien en herbe ou simplement curieux d'électronique, maîtriser la configuration de votre multimètre numérique est essentiel. Un multimètre correctement configuré garantit des lectures précises et un fonctionnement sûr. Dans ce chapitre, nous aborderons en profondeur les premières étapes de préparation de votre multimètre à l'utilisation. À la fin, vous saurez comment le mettre sous tension, sélectionner le mode de mesure correct, comprendre l'affichage et insérer les cordons de test comme un pro.

1. Mise sous tension et configuration initiale

Avant d'utiliser votre multimètre, il est important de vous assurer qu'il est prêt à fonctionner. La plupart des multimètres numériques (DMM) sont alimentés par des piles, généralement des piles 9 V ou AA/AAA, selon le modèle. Voici comment commencer :

Vérifiez la batterie
Si votre appareil ne s'allume pas ou si l'écran semble faible, il se peut qu'il ait besoin d'une nouvelle batterie. La plupart des multimètres numériques ont un

compartiment à piles à l'arrière fixé par une vis. Utilisez toujours le type de batterie recommandé par le fabricant.

Conseil: Utilisez une pile neuve avant de tester des circuits importants pour éviter des lectures inexactes ou une panne de l'appareil.

Bouton d'alimentation ou commutateur rotatif

Certains multimètres ont un bouton d'alimentation séparé, tandis que beaucoup combinent la fonction de mise sous tension avec le cadran rotatif. Tourner la molette de la position OFF vers n'importe quel mode de mesure allume automatiquement l'appareil.

Une fois l'appareil allumé, vous remarquerez peut-être :
- Un bref flash d'autotest sur l'écran.
- Paramètre de mesure par défaut (souvent tension continue).
- Indicateur de batterie (si disponible).

Fonction d'arrêt automatique

De nombreux multimètres incluent une fonction de mise hors tension automatique pour économiser la batterie. Si votre appareil s'éteint de manière inattendue pendant l'inactivité, c'est probablement la raison. Tournez simplement le commutateur rotatif ou appuyez à nouveau sur le bouton d'alimentation pour reprendre.

2. Sélection du mode de mesure correct

L'une des étapes les plus cruciales de l'utilisation d'un multimètre consiste à choisir le bon mode de mesure. Votre multimètre numérique peut mesurer diverses propriétés électriques telles que la tension, le courant, la résistance, etc. La sélection du bon mode garantit des lectures précises et évite d'endommager l'appareil.

Le cadran rotatif (sélecteur de fonction)

Le cadran rotatif est au cœur de la sélection du mode. Il comprend généralement des icônes et des sections étiquetées pour :

- Tension CC (V= ou VDC)
- Tension CA (V~ ou VAC)
- Courant CC (A= ou ADC)
- Courant alternatif (A~ ou AAC)
- Résistance (Ω)
- Continuité (symbole de diode ou icône d'onde sonore)
- Test de diodes
- Capacité (F)
- Fréquence (Hz)
- Température (°C/°F)

Conseil: Commencez toujours par la plage la plus élevée si votre multimètre ne sélectionne pas automatiquement la plage. Cela protège le compteur et évite de surcharger l'entrée.

Gamme automatique ou gamme manuelle

- **Sélection automatique :** L'appareil sélectionne automatiquement la meilleure plage pour la mesure.
- **Télémétrie manuelle :** Vous devez sélectionner la plage appropriée. En cas de doute, commencez haut et descendez.

- **Exemple d'illustration :** Si vous mesurez une batterie domestique (~ 1,5 V), réglez le cadran sur la tension CC. S'il s'agit d'un compteur manuel, choisissez la plage 20 V pour plus de précision.

Vérifiez à nouveau avant de tester

L'utilisation d'un mauvais mode peut endommager votre multimètre ou provoquer des lectures inexactes. Par exemple, ne mesurez jamais la tension lorsque le compteur est en mode courant : vous risqueriez de faire sauter un fusible ou pire.

3. Comprendre l'affichage

Une fois votre multimètre allumé et dans le mode correct, vous comptez sur l'écran pour interpréter vos lectures. La plupart des écrans numériques sont basés sur un écran LCD et affichent des lectures numériques, des symboles et des indicateurs.

Fonctionnalités d'affichage communes

- **Lecture principale :** Affiche la valeur de mesure.
- **Unités :** V, A, Ω, mV, mA, etc., selon le réglage.
- **Symboles de mode :** Indique si vous mesurez du courant alternatif ou continu.
- **Icône de batterie :** Avertit si la batterie est faible.
- **Indicateur de maintien :** Gèle la lecture actuelle (lorsque HOLD est enfoncé).
- **Auto:** Indique le mode de sélection automatique.
- **Signe négatif (-) :** Indique si la polarité est inversée dans les mesures DC.

Exemple:

- **Afficher:** « 12,65 V » avec une icône « V⁼ » signifie que vous lisez 12,65 volts CC.
- **Afficher:** « 001,2 Ω » avec un bip (en mode continuité) indique un circuit complet.

Fonction de rétroéclairage

Certains multimètres sont livrés avec un bouton de rétroéclairage, pratique pour travailler dans des zones sombres. Appuyez une fois sur l'icône lumineuse ou sur le bouton de rétroéclairage pour l'activer.

Conseil: Si votre écran affiche « OL » ou « 1 », cela signifie que la plage a été dépassée (hors limites). Ajustez à une plage plus élevée si vous utilisez le mode manuel.

4. Insérer correctement les cordons de test

Les fils de test sont les fils qui connectent votre multimètre au circuit ou au composant testé. Ils viennent généralement par paire : un rouge (positif) et un noir (négatif ou commun).

Comprendre les ports d'entrée

Les multimètres ont généralement 3 à 4 ports :

1. COM (commun) : Branchez toujours le fil noir ici.
2.VΩmA : Utilisé pour mesurer la tension, la résistance et les petits courants.
3. 10A (ou 20A) : Utilisé pour les mesures de courant élevé.
4. Parfois un port séparé pour les microampères (µA)

Important: N'insérez jamais le fil rouge dans le port de courant, sauf si vous mesurez spécifiquement le courant.

Le faire en mode tension peut endommager le fusible interne ou provoquer des blessures.

Étape par étape : insérer des prospects

1. Insérez le fil noir dans le port COM.
2. Insérez le fil rouge dans le port qui correspond à votre mesure :

- Tension/Résistance : utilisez le port VΩ.
- Petit courant (mA) : utilisez le port mA.
- Courant élevé (10A/20A) : utilisez le port 10A.

Scénario illustratif :

Mesure d'une prise murale : fil rouge dans VΩ, fil noir dans COM. Réglez le cadran sur la tension alternative (V ~). Insérez soigneusement les câbles dans la prise.

Conseils d'entretien des plombs :

- Vérifiez l'effilochage ou l'usure.
- Conservez les câbles enroulés de manière lâche et non serrés.
- Remplacez les fils qui semblent lâches dans les ports.

Résumer

Une configuration correcte de votre multimètre est fondamentale pour des mesures précises et sûres. Récapitulons ce que nous avons couvert :

- Assurez-vous toujours que votre batterie est neuve et allumez l'appareil correctement.
- Utilisez la molette rotative pour sélectionner le mode approprié pour la tâche.
- Comprendre les symboles et les lectures affichés.
- Insérez vos cordons de test en fonction du type de mesure.

Une fois ces bases en place, vous êtes maintenant prêt à commencer à mesurer des tensions, des courants et des résistances en toute confiance.

Chapitre 3 : Mesure de la tension

Qu'est-ce que la tension ?

Avant de commencer à mesurer la tension avec votre multimètre, il est important de comprendre ce qu'est réellement la tension. Dans sa forme la plus simple, la tension est la pression électrique ou la différence de potentiel entre deux points d'un circuit. C'est ce qui pousse le courant électrique à travers un fil, tout comme la pression de l'eau pousse l'eau à travers un tuyau.

La tension est mesurée en volts (V), et vous en rencontrerez deux types principaux :

- **Tension CC (courant continu)** – Trouvé dans les batteries et les panneaux solaires. Il coule dans une seule direction.
- **Tension alternative (courant alternatif)** – Trouvé dans les points de vente ménagers. Il inverse constamment la direction.

Pensez à la tension comme à la différence de hauteur entre deux réservoirs d'eau. Plus la différence est grande, plus la pression est élevée et plus l'eau (le courant) s'écoulera rapidement. De même, plus la tension est élevée, plus l'énergie potentielle disponible pour déplacer le courant électrique est importante.

Les multimètres nous permettent de mesurer cette différence, que ce soit dans une petite batterie ou dans une prise de courant sous tension. Commençons par apprendre à mesurer la tension alternative de manière sûre et précise.

1. Mesurer la tension alternative

Qu'est-ce que la tension alternative ?

La tension CA (courant alternatif) est le type standard d'électricité que vous trouverez dans les maisons, les bureaux et la plupart des bâtiments. Il provient des prises murales et alimente des appareils tels que les téléviseurs, les réfrigérateurs et les lumières. Dans de nombreux pays, la tension alternative des prises est soit de 110 à 120 volts, soit de 220 à 240 volts, selon la région.

La tension alternative pouvant être dangereuse, traitez-la toujours avec prudence et suivez les procédures de sécurité appropriées.

Comment mesurer la tension alternative avec un multimètre

Instructions étape par étape :

1. Allumez le multimètre.

- Assurez-vous que le multimètre est fonctionnel et dispose d'une batterie en état de marche.

2. Réglez le cadran sur la tension alternative (V~ ou VAC).

- Recherchez un paramètre comportant un « V » majuscule avec une ligne ondulée (~) au-dessus ou à côté. Ce symbole représente la tension alternative.

3. Insérez les cordons de test.

- Branchez le fil noir dans le port COM (commun).
- Branchez le fil rouge dans le port étiqueté VΩmA ou V.

4. Sélectionnez la plage appropriée (s'il n'y a pas de plage automatique).

- Si votre multimètre ne sélectionne pas automatiquement la plage, sélectionnez une plage supérieure à la tension attendue (par exemple, 600 V pour les prises domestiques).

5. Testez la tension.

- Insérez soigneusement la sonde noire dans la fente neutre de la prise (la fente verticale la plus large).
- Insérez la sonde rouge dans la fente chaude (la fente verticale la plus étroite).
- Ne laissez pas les sondes se toucher pendant ce processus.

6. Lisez l'affichage.

- L'écran affichera un nombre comme 120 V ou 230 V, selon votre pays.

Conseils de sécurité importants :

- Ne touchez jamais les parties métalliques des sondes pendant le test.
- Commencez toujours par la plage la plus élevée pour éviter d'endommager le multimètre.
- Utilisez une main lorsque cela est possible, en gardant l'autre loin de toute surface. Cela réduit le risque qu'un courant traverse votre poitrine.

2. Mesurer la tension continue

Qu'est-ce que la tension continue ?

La tension CC (courant continu) circule dans une direction constante. Il s'agit du type d'électricité stockée dans des batteries, utilisée dans les systèmes automobiles, les appareils électroniques portables et les circuits basse tension.

Les sources de tension continue courantes comprennent :

- Piles AA – généralement 1,5 V
- Piles 9V
- Adaptateurs d'alimentation pour ordinateur portable – généralement 12 V à 20 V
- Batteries de voiture – environ 12,6 V complètement chargées

Comment mesurer la tension continue avec un multimètre

Instructions étape par étape :

1. Allumez le multimètre.

2. Réglez le cadran sur la tension CC (V⎓ ou VDC).
- Recherchez un paramètre avec un « V » et une ligne droite avec des tirets en dessous (⎓), qui représente la tension continue.

3. Insérez les cordons de test.

- Fil noir dans le port COM.
- Fil rouge dans le port V.

4. Sélectionnez la plage appropriée.

- Si votre multimètre est à plage manuelle, choisissez une plage supérieure à votre lecture attendue (par exemple, 20 V pour une pile de 9 V).

5. Mettez les sondes en contact avec la batterie ou la source CC.

- Sonde rouge à la borne positive (+).
- Sonde noire à la borne négative (-).

6. Lisez l'affichage.

- L'écran affichera une valeur telle que 9,5 V. S'il affiche une valeur négative, vous avez inversé les fils. Cela n'endommagera pas le multimètre, mais vous saurez les échanger.

Conseils pour les tests de tension continue :

- Commencez toujours avec des piles ou des appareils basse tension pour vous entraîner.
- Utilisez la mesure de la tension continue pour vérifier si un appareil est correctement alimenté.

- Si la tension relevée est nettement inférieure à celle prévue, la batterie ou l'alimentation électrique peut être faible ou morte.

3. Scénarios courants de test de tension

Maintenant que vous savez comment mesurer la tension alternative et continue, passons en revue quelques exemples concrets que vous êtes susceptible de rencontrer. Les pratiquer vous donnera la confiance nécessaire pour utiliser efficacement votre multimètre dans la vie quotidienne.

A. Test des prises domestiques

But: Pour confirmer qu'une prise fonctionne et fournit la tension appropriée.

Mesures:

- Réglez le multimètre sur la tension alternative.
- Insérez soigneusement les sondes dans les fentes de sortie comme décrit précédemment.
- Une lecture typique est de 110 à 120 V (Amérique du Nord) ou de 220 à 240 V (Europe/Asie).

S'il n'y a aucune lecture ou une lecture très faible, la prise est peut-être défectueuse ou le disjoncteur s'est peut-être déclenché.

B. Test des piles

But: Pour déterminer si une batterie tient encore la charge.

Mesures:

- Réglez le multimètre sur la tension CC.
- Touchez la sonde rouge à la borne + et la noire à la borne -.
- Comparez la lecture à la tension nominale de la batterie (par exemple, 1,5 V pour AA).

Exemples :
- 1,6 V ou plus – pile neuve
- 1,3 V – 1,0 V – batterie faible
- En dessous de 1,0 V – remplacez la batterie

C. Test de la tension de la batterie de la voiture

But: Pour vérifier l'état de la batterie de votre véhicule.

Mesures:

- Réglez sur Tension CC.
- Fixez la sonde rouge à la borne positive de la batterie, la noire à la borne négative.
- Une batterie de voiture saine et entièrement chargée doit indiquer 12,6 V – 12,8 V.
- Lorsque le moteur tourne, la tension doit atteindre 13,7 à 14,7 V (indique que l'alternateur est en charge).

D. Vérification des alimentations ou des adaptateurs

But: Pour vérifier si un adaptateur secteur (par exemple, pour un ordinateur portable ou un routeur) fonctionne.

Mesures:
- Réglez sur Tension CC.
- Placez la sonde rouge à l'intérieur du bouchon cylindrique (positif) et noire à l'extérieur (négatif).
- Comparez la lecture à la puissance nominale indiquée sur l'étiquette (par exemple, 19 V pour les chargeurs d'ordinateur portable).

Si la lecture est nettement inférieure ou nulle, l'adaptateur est peut-être défectueux.

E. Vérification des interrupteurs ou des luminaires

But: Pour voir si un interrupteur laisse passer l'alimentation.

Mesures:

- Mesurez soigneusement la tension alternative aux bornes du commutateur.
- Lorsque l'interrupteur est allumé, vous devriez voir une tension (par exemple, 120 V).
- Lorsque l'interrupteur est sur OFF, vous devriez voir 0V.

- Cela peut aider à diagnostiquer un interrupteur ou un luminaire défectueux.

Conseils de dépannage pour la mesure de tension

- Pas de lecture ? Vérifiez le réglage de votre plage, l'emplacement du fil ou le fusible dans le multimètre.
- Des numéros sautants ? Il se peut que vous ayez une connexion lâche ou des interférences. Tenez fermement les sondes.
- Mauvaises unités ? Vérifiez à nouveau si vous êtes en mode AC ou DC.

- Des étincelles ou une odeur ? Arrêtez immédiatement ! Quelque chose est mal connecté ou court-circuité.

Exercice pratique :

Essayez-les vous-même :

1. Mesurez une nouvelle pile AA.
2. Mesurez une vieille pile AA avec votre télécommande.
3. Testez soigneusement une prise murale (AC).
4. Testez la sortie d'un chargeur de téléphone (généralement 5 V CC).
5. Vérifiez une batterie de voiture (si accessible).

Enregistrez vos résultats et comparez-les aux valeurs attendues. La pratique de scénarios réels renforcera votre compréhension et renforcera votre confiance.

La mesure de la tension est l'une des compétences les plus fondamentales et les plus fréquemment utilisées lors de l'utilisation d'un multimètre numérique. Que vous vérifiiez des batteries, des prises de courant ou des appareils électroniques, la mesure de la tension vous aide à diagnostiquer les problèmes, à vérifier l'alimentation et à garantir la sécurité.

Chapitre 4 : Mesure du courant (ampères)

1. Qu'est-ce qui est actuel ?

Pour comprendre comment mesurer le courant avec un multimètre numérique, nous devons d'abord comprendre ce qu'est le courant.

Le courant électrique est le flux de charge électrique à travers un conducteur, tel qu'un fil. En termes plus simples, c'est le mouvement des électrons qui alimente tout, de votre ampoule à votre smartphone. Tout comme l'eau circule dans les tuyaux, l'électricité circule dans les câbles. Et le courant nous indique la quantité d'électricité qui circule à un moment donné.

Le courant est mesuré en ampères, souvent abrégé en ampères (A). Pensez-y au nombre d'électrons qui traversent un fil par seconde. Plus il y a d'électrons qui circulent, plus le courant est élevé.

Il existe deux principaux types de courant :

- **Courant continu (DC) :** Le courant circule dans un seul sens. C'est le type d'électricité utilisé par les batteries et la plupart des petits appareils électroniques.

- **Courant alternatif (AC) :** Le courant change périodiquement de direction. Il s'agit du type d'électricité fourni à votre maison et utilisé par la plupart des appareils électroménagers.

Exemple concret :

Lorsque vous chargez votre téléphone, le courant circule du chargeur vers la batterie de votre téléphone. La mesure de ce courant aide les techniciens à déterminer si le chargeur fonctionne correctement ou si la batterie est défectueuse.

2. Mesure du courant alternatif et continu

Voyons maintenant comment utiliser un multimètre numérique pour mesurer à la fois le courant alternatif et continu.

2.1 Mesure du courant continu

Le courant continu est la mesure la plus courante pour les batteries et les appareils électroniques. Voici comment le mesurer :

Guide étape par étape :

1. Tournez le cadran : Réglez votre multimètre sur le réglage du courant continu. Ceci est souvent marqué d'un « A » suivi d'une ligne droite et de trois points (par exemple, A⎓).

2. Sélectionnez la plage : Si votre multimètre ne sélectionne pas automatiquement la plage, sélectionnez une plage supérieure au courant que vous prévoyez de mesurer. Par exemple, si vous pensez que le courant est de 200 mA, définissez la plage sur 500 mA ou 1 A.

3. Connectez les sondes :
- **Sonde rouge :** Insérez dans le port mA ou 10A en fonction du courant attendu.
- **Sonde noire :** Insérez dans le port COM.

4. Brisez le circuit : Contrairement à la mesure de la tension ou de la résistance, le courant doit être mesuré en série. Cela signifie que vous devez ouvrir le circuit et insérer le compteur pour que le courant le traverse.

5. Lisez l'affichage : L'écran affichera le courant en milliampères (mA) ou en ampères (A), selon vos paramètres.

Exemple:
Vous souhaitez mesurer le courant circulant dans une pile 9V alimentant un circuit LED. Vous coupez

l'alimentation, débranchez un fil et placez le multimètre en série. L'écran affiche 0,015 A, ce qui signifie 15 milliampères – une lecture saine pour une LED de base.

2.2 Mesure du courant alternatif

La mesure du courant alternatif est généralement nécessaire lorsqu'il s'agit d'appareils, d'outils et de câblage domestique. Ceci est plus dangereux et doit être manipulé avec précaution.

Guide étape par étape :

1. Tournez le cadran : Réglez votre multimètre sur le réglage du courant alternatif, généralement marqué d'un symbole A~ ou AC A.

2. Choisissez le port approprié : Utilisez le port 10A (ou plus si votre compteur le permet) pour un courant élevé.

3. Insérez les sondes et coupez le circuit : Tout comme en DC, le multimètre doit être inséré en série avec le circuit.

4. Lisez l'affichage : Observez la valeur en ampères.

Remarque importante :

Tous les multimètres numériques ne peuvent pas mesurer directement le courant alternatif. De nombreux multimètres d'entrée de gamme mesurent uniquement la tension alternative et le courant continu. Pour mesurer le courant alternatif en toute sécurité, pensez à utiliser une pince multimètre, qui vous permet de mesurer le courant en le serrant autour d'un fil, sans établir de contact direct.

3. Utiliser les ports et la plage appropriés

L'une des plus grandes erreurs commises par les débutants est d'utiliser les mauvais ports ou les mauvais paramètres de plage lors de la mesure du courant. Cela peut entraîner des lectures inexactes ou même endommager le multimètre.

3.1 Comprendre les ports du multimètre

Un multimètre numérique typique possède au moins trois ports :

- **COM (commun) :** Toujours utilisé pour la sonde noire.

- **VΩmA (ou similaire)** : Utilisé pour les mesures de tension, de résistance et de faible courant (généralement inférieur à 200 mA).
- **10A (ou 20A)** : Utilisé pour les mesures de courant plus élevé. Ce port est souvent fusionné séparément.

Exemple de scénario :

Disons que vous mesurez un appareil censé consommer 1,5 A :

- Si vous utilisez le port mA, le fusible fera probablement sauter car il n'est pas conçu pour des courants supérieurs à 200 mA.
- Utilisez plutôt le port 10A. Il est plus sûr et conçu pour gérer un courant plus élevé.

3.2 Choisir la bonne gamme

- **Multimètres à sélection automatique :** Ceux-ci sélectionnent automatiquement la plage appropriée. Réglez simplement le mode (par exemple, courant continu) et vous êtes prêt à partir.
- **Multimètres à plage manuelle :** Vous devez estimer le courant et sélectionner manuellement une plage supérieure.

Règle générale :
Commencez toujours par la plage la plus élevée et descendez. Cela protège le compteur d'une surcharge.

4. Conseils pour éviter de faire sauter le fusible

Faire sauter un fusible dans votre multimètre est un problème courant, en particulier lors de la mesure du courant. Voici comment l'éviter :

Conseil n°1 : Connaissez les limites de votre compteur

Chaque multimètre a un courant nominal maximum, à la fois pour chaque port et globalement.

- **Limite typique du port mA :** 200-400 mA
- **Limite de port 10A :** Jusqu'à 10 A pendant de courtes périodes (souvent 30 secondes)

Conseil: Consultez le manuel d'utilisation pour plus de détails. Le dépassement peut endommager le compteur et annuler les garanties.

Conseil n°2 : ne mesurez jamais le courant comme la tension

C'est une erreur classique : connecter les sondes à une source d'alimentation (en parallèle) plutôt qu'en série. Si vous faites cela en mode courant, vous créez un court-circuit, ce qui entraîne généralement un fusible grillé, des étincelles ou pire encore.

Illustration en mots :

- **Mauvaise façon:** Sonde rouge sur le positif de la batterie, sonde noire sur le négatif de la batterie — compteur en mode courant.
- **Résultat:** Boom! Court-circuit.
- **Bonne manière :** Débranchez un fil du circuit et insérez le compteur en ligne.

Conseil n°3 : utilisez d'abord le port à courant élevé

En cas de doute sur la quantité de courant qui circulera :

- Commencez toujours par utiliser le port 10A.
- Si la lecture est très faible (par exemple inférieure à 200 mA), vous pouvez alors passer au port mA pour plus de précision.

Conseil n°4 : remplacez correctement le fusible

Si vous faites griller un fusible :

- Ouvrez le panneau arrière du multimètre.
- Localisez le fusible grillé (souvent visiblement endommagé ou noirci).
- Remplacez-le par exactement le même type et la même valeur nominale (par exemple, 250 V, 0,2 A à action rapide).

NE JAMAIS contourner le fusible ou utiliser un morceau de fil aléatoire. C'est un élément de sécurité essentiel.

Conseil n°5 : Ne maintenez pas les sondes trop longtemps dans des circuits à courant élevé

Même si votre compteur peut gérer 10 A, c'est généralement pour de courtes durées (moins de 30 secondes). Des mesures prolongées peuvent surchauffer et endommager les composants internes.

Exemple concret illustratif

Vous souhaitez tester le courant consommé par un petit ventilateur alimenté par un adaptateur 12V DC :

1. Réglez le multimètre sur les ampères CC (A⹀).

2. Insérez la sonde rouge dans le port 10A.

3. Débranchez le fil positif entre l'adaptateur secteur et le ventilateur.

4. Placez le multimètre en série de sorte que le courant circule de l'adaptateur → sonde rouge → à travers le compteur → sonde noire → vers le ventilateur.

5. L'écran indique 0,28 A. Cela signifie que le ventilateur consomme 280 mA, bien dans la plage de sécurité.

La mesure du courant est l'une des compétences les plus utiles – et parfois les plus délicates – à maîtriser avec un multimètre numérique. Cela nécessite de comprendre le flux d'électricité, de choisir les réglages corrects et de prendre les précautions de sécurité nécessaires.

Points clés à retenir :

- Coupez toujours le circuit pour mesurer le courant.
- Choisissez le bon port et la bonne plage.
- Commencez par le port à courant élevé si vous n'êtes pas sûr.
- Ne mesurez jamais le courant comme la tension.
- Respectez les limites de votre multimètre : c'est votre outil, pas une baguette magique.

Chapitre 5 : Mesurer la résistance et la continuité

1. Qu'est-ce que la résistance ?

La résistance est un concept fondamental dans les circuits électriques, et sa compréhension est essentielle pour utiliser efficacement un multimètre numérique. À la base, la résistance est l'opposition qu'un matériau offre au flux du courant électrique. Chaque composant d'un circuit, des fils aux résistances, offre un certain niveau de résistance.

Pensez à l'électricité comme à l'eau qui coule dans un tuyau. La résistance est comme un rétrécissement dans ce tuyau : elle ralentit l'écoulement de l'eau. De même, dans les circuits électriques, la résistance réduit le flux de courant. Les matériaux comme le cuivre et l'argent ont une très faible résistance et sont d'excellents conducteurs. D'un autre côté, les matériaux comme le caoutchouc, le plastique et l'air ont une résistance élevée et sont considérés comme des isolants.

La résistance est mesurée en unités appelées ohms, symbolisées par la lettre grecque oméga (Ω). Plus la valeur ohmique est élevée, plus la résistance est grande. Une résistance, qui est un composant courant dans les circuits, est spécifiquement conçue pour fournir une résistance définie afin de contrôler la quantité de courant circulant dans un circuit.

Comprendre la résistance est crucial pour diagnostiquer les problèmes dans les systèmes électriques. Par exemple, si un fil ou un composant présente une résistance supérieure à celle attendue, il pourrait être endommagé ou dégradé.

2. Mesurer la résistance avec un multimètre

Votre multimètre numérique (DMM) facilite la mesure de la résistance. Suivez ces étapes pour mesurer la résistance d'un composant ou d'une section d'un circuit :

Guide étape par étape :

1. Mettez le circuit hors tension : Avant de mesurer la résistance, coupez toujours l'alimentation du circuit. Mesurer la résistance sur un circuit sous tension peut endommager votre multimètre et donner des lectures inexactes.

2. Sélectionnez le mode Résistance : Tournez la molette de votre multimètre numérique sur le réglage de la résistance. Ceci est généralement marqué par la lettre grecque oméga (Ω).

3. Insérez les sondes : Branchez le fil noir dans le port COM et le fil rouge dans le port marqué du symbole ohm (Ω).

4. Touchez les sondes sur le composant : Placez la sonde noire à une extrémité du composant et la sonde rouge à l'autre. L'écran affichera la résistance en ohms.

5. Lisez l'affichage : Si vous voyez un nombre comme 100Ω, cela signifie que le composant a une résistance de 100 ohms. Si l'écran indique OL (boucle ouverte), cela signifie que la résistance est trop élevée ou que le composant n'est pas connecté.

Conseils:
- Assurez-vous toujours que le composant est déconnecté du circuit avant de mesurer.
- Nettoyez les câbles des composants pour des mesures précises.
- Comparez la lecture avec la valeur attendue du composant (souvent indiquée par des bandes de couleur ou des étiquettes).

Exemple:
Supposons que vous testiez une résistance de 220 ohms. Lorsque vous placez les sondes dessus, votre multimètre numérique devrait lire près de 220 Ω. Si le résultat est

nettement plus élevé, la résistance peut être endommagée. S'il indique 0Ω, la résistance pourrait être en court-circuit.

3. Comprendre les ohms

L'unité de résistance, l'ohm (Ω), quantifie la résistance d'un matériau au flux de courant électrique. Il joue un rôle essentiel dans la loi d'Ohm, un principe clé en électronique :

Loi d'Ohm : $V = I \times R$

Où:
- V est la tension (volts)
- I est le courant (ampères)
- R est la résistance (ohms)

Cette formule montre la relation entre la tension, le courant et la résistance. Par exemple, si vous augmentez la résistance d'un circuit tout en gardant une tension constante, le courant diminuera.

Comprendre les plages d'ohms :

Les multimètres numériques peuvent afficher les valeurs de résistance sur différentes échelles :
- 0 à 999Ω — Faible résistance
- 1kΩ à 999kΩ — Résistance moyenne (1kΩ = 1 000 ohms)

- 1 MΩ et plus — Haute résistance (1 MΩ = 1 000 000 ohms)

Votre multimètre peut ajuster automatiquement la plage ou vous demander de la sélectionner manuellement. Certains multimètres numériques modernes effectuent une plage automatique, affichant l'unité appropriée (Ω, kΩ, MΩ) en fonction du composant testé.

Codes couleurs et valeurs de résistance :
Les résistances ont souvent des bandes de couleur qui indiquent leurs valeurs de résistance. Par exemple:
- Une résistance avec des bandes rouge, rouge, marron et or équivaut à 220 Ω ± 5 %.
- Utilisez un tableau de codes de couleur de résistance pour identifier les résistances inconnues avant de tester avec votre multimètre.

Tolérance:
La bande d'or ou d'argent sur une résistance indique sa tolérance, c'est-à-dire dans quelle mesure la résistance réelle peut varier par rapport à la valeur indiquée. Par exemple, une tolérance de ±5 % signifie qu'une résistance de 220 Ω peut mesurer n'importe où entre 209 Ω et 231 Ω.

4. Test de continuité : comment vérifier si un circuit est complet

Les tests de continuité vérifient si un circuit est complet, en d'autres termes, si l'électricité peut le traverser. Ceci est utile pour :

- Tester les fils ou les câbles pour détecter les ruptures
- Vérifier si un fusible est grillé
- Vérification des connexions des circuits

Comment fonctionnent les tests de continuité :
Lorsque vous réglez votre multimètre en mode continuité et placez les sondes aux deux extrémités d'un conducteur, le multimètre envoie un petit courant à travers le circuit. S'il détecte un flux de courant, cela indique que le circuit est terminé, souvent avec un bip ou un signal visuel.

Guide étape par étape :

1. Coupez l'alimentation : Assurez-vous que le circuit n'est pas sous tension avant de tester.

2. Sélectionnez le mode continuité : Ceci est généralement représenté par une onde sonore ou un symbole de diode. Sur certains multimètres, le mode continuité et le mode résistance partagent une position de cadran.

3. Insérez les sondes : Le fil noir va dans COM, le rouge dans le port VΩmA ou continuité.

4. Testez le circuit ou le composant : Touchez les sondes aux deux extrémités du fil ou de la connexion.

5. Vérifiez le résultat :
- Si le circuit est complet, le multimètre émettra un bip et/ou affichera une faible valeur de résistance (généralement inférieure à 50 ohms).
- Si le circuit est coupé, le compteur affichera OL ou aucune réponse.

Exemples d'applications :
- **Test d'un interrupteur :** Retirez l'interrupteur du mur et touchez les sondes à chaque borne. Lorsque l'interrupteur est allumé, vous devriez entendre un bip. Sinon, l'interrupteur est peut-être défectueux.
- **Vérification des rallonges :** Placez une sonde à une extrémité d'un fil et l'autre à la fiche. Un bip signifie que le fil est intact.
- **Inspection des fusibles :** Retirez le fusible et placez des sondes à chaque extrémité. Un bip

signifie que le fusible est bon ; aucun son n'indique qu'il est soufflé.

Conseil de dépannage :

Si vous n'entendez pas de bip, vérifiez :

- Les sondes établissent-elles un bon contact ?
- Le circuit est-il hors tension ?
- Les cordons sont-ils correctement insérés ?

La résistance et la continuité sont des concepts électriques essentiels, et maîtriser comment les mesurer avec votre multimètre numérique peut vous faire économiser du temps, des efforts et de l'argent. Que vous diagnostiquiez un fil défectueux, testiez une résistance ou vérifiiez si un fusible est intact, votre multimètre est la clé pour obtenir des réponses claires et fiables. Comprendre les ohms et le principe de continuité ouvre la porte à un dépannage réussi et à des travaux électriques de bricolage en toute confiance.

Chapitre 6 : Test des diodes et des batteries

Comprendre comment tester les diodes et les batteries avec un multimètre numérique est une compétence puissante et pratique. Les diodes sont de petits composants très importants dans les circuits : elles permettent au courant de circuler dans une seule direction. Les batteries, en revanche, sont des sources d'énergie quotidiennes, et savoir comment vérifier leur état de santé peut permettre d'économiser du temps, de l'argent et de la frustration.

Dans ce chapitre, nous expliquerons comment tester les diodes et les piles domestiques courantes (telles que AA, AAA, 9 V, etc.) à l'aide de votre multimètre numérique. Nous vous guiderons pas à pas à travers chaque processus avec des illustrations et des exemples de lectures pour renforcer votre confiance dans le monde réel.

1. Comment tester les diodes avec un multimètre

Qu'est-ce qu'une diode ?

Une diode est un composant électronique qui permet au courant de circuler dans un sens (polarisation directe) et le bloque dans le sens opposé (polarisation inverse). Ce flux unidirectionnel est utile pour protéger les parties sensibles d'un circuit ou pour convertir le courant alternatif en courant continu dans les alimentations.

Les diodes ont deux bornes :
- Anode (côté positif)
- Cathode (côté négatif)

La plupart des diodes ont une bande argentée ou noire à une extrémité pour marquer la cathode.

Pourquoi tester les diodes ?

Au fil du temps, les diodes peuvent tomber en panne, s'ouvrir (ne permettant pas le courant dans aucune direction) ou être court-circuitées (permettant le courant dans les deux sens). Les tests garantissent qu'ils remplissent toujours leur fonction critique dans un circuit.

Étapes pour tester une diode à l'aide d'un multimètre numérique

Étape 1 : Couper l'alimentation
Assurez-vous que le circuit est éteint et débranché pour éviter tout dommage ou lecture incorrecte.

Étape 2 : Identifiez la diode
Localisez la diode dans le circuit ou testez-la séparément (si possible). Vérifiez le marquage de la cathode.

Étape 3 : Réglez votre multimètre en mode diode
Tournez le cadran rotatif sur le mode de test de diode, généralement indiqué par un symbole de diode ($\rightarrow|-$). Ce réglage envoie un petit courant à travers la diode pour tester sa fonctionnalité.

Étape 4 : Connectez les fils du multimètre
- Sonde rouge à l'anode
- Sonde noire à la cathode

Il s'agit d'un test de biais direct.

Étape 5 : Observez la lecture
- Une diode au silicium typique présente une chute de tension de 0,5 V à 0,9 V (généralement autour de 0,6 V ou 0,7 V).
- Si le multimètre affiche un nombre dans cette plage, la diode fonctionne en polarisation directe.

Étape 6 : Inversez les pistes
- Placez maintenant la sonde rouge sur la cathode et la sonde noire sur l'anode.

Il s'agit d'un test de biais inverse.

- Le multimètre doit afficher OL (Open Loop) ou ne montrer aucune lecture. Cela signifie qu'aucun courant ne circule dans la direction inverse, exactement ce que nous voulons.

2. Interprétation des résultats des tests de diodes

Décomposons ce que signifient réellement les chiffres dans chaque scénario.

Tableau 2 : Interprétation des résultats des tests de diode :

Conditions d'essai	En lisant	Interprétation
Biais direct (rouge vers anode, noir vers cathode)	0,6 V – 0,7 V	La diode est bonne
Biais direct	0,3 V ou moins	Peut indiquer une diode au germanium ou un court-circuit
Biais direct	OL ou pas de lecture	Diode ouverte (mauvaise)
Biais inversé (rouge vers cathode, noir vers anode)	OL ou pas de lecture	La diode est bonne

Biais inversé	Numéro affiché	Diode en court-circuit (mauvaise)

Problèmes courants de diodes

- **Diode en court-circuit :** Vous obtiendrez une lecture dans les deux sens. Remplacez la diode.
- **Diode ouverte :** Vous obtiendrez l'OL dans les deux sens. La diode est cassée et doit être remplacée.
- **Diode qui fuit :** La chute de tension est trop faible (comme 0,2 V), ce qui signifie qu'elle laisse trop de courant dans une direction.

Indice visuel : Des marques de brûlure, un boîtier fissuré ou un renflement peuvent indiquer une défaillance de la diode avant même le test.

3. Vérification des piles domestiques (AA, AAA, 9 V, etc.)

Les piles domestiques alimentent les télécommandes, les lampes de poche, les jouets et bien plus encore. Une batterie déchargée ou faible peut entraîner un comportement erratique des appareils ou même cesser de fonctionner complètement. Au lieu de deviner, utilisez votre multimètre pour confirmer l'état de la batterie.

Types de batteries couramment testées

- AA/AAA/C/D (1,5 V)
- Pile carrée 9V
- Piles bouton (1,5 V ou 3 V, selon le type)

Étape par étape : tester une batterie domestique

Étape 1 : Réglez votre multimètre en mode tension continue

Recherchez le « V » avec une ligne droite et une ligne pointillée en dessous : il s'agit de la tension continue.

Étape 2 : Sélectionnez une plage de tension

Si votre compteur est à plage manuelle, réglez-le sur 20 V CC. S'il s'agit d'une sélection automatique, réglez-le simplement sur la tension continue.

Étape 3 : Connectez les cordons de test

- Sonde rouge à la borne positive (+)
- Sonde noire à la borne négative (−)

Étape 4 : Lire l'affichage de la tension

Comparez la lecture à la tension nominale de la batterie.

Tableau 3 : Tableau de référence des tests de batterie :

Batterie Taper	Tension nominale	Complète ment	Doit être remplacé

		chargé	
AA/AAA/ C/D	1,5V	1,6 V – 1,5 V	< 1,3 V
9V	9V	9,5 V – 9,0 V	< 8V
Pile bouton	1,5 V ou 3 V	~1,5V ou ~3V	< 1,3 V ou < 2,8 V

Exemples :
- 1,28 V sur une pile AA : Presque morte.
- 1,58 V sur une pile AA : entièrement chargée et prête à l'emploi.
- 8,3 V sur une pile 9 V : Faible, pensez à la remplacer bientôt.
- 7,6 V sur une pile de 9 V : Remplacez immédiatement.

Conseils pour des tests précis de la batterie
- Testez les piles à l'extérieur de l'appareil pour une meilleure précision.
- Laissez les piles reposer à température ambiante avant de les tester. Les piles froides peuvent donner des lectures inférieures.
- Utilisez toujours les bornes appropriées pour éviter une inversion de polarité.

Conseil avancé : tester la batterie sous charge

Parfois, une batterie peut afficher la tension correcte sans charge mais chuter en utilisation réelle. Pour simuler une charge :

- Utilisez une résistance (comme 100 ohms) entre les bornes pendant le test.
- Si la tension chute considérablement sous charge, la batterie est faible même si la lecture à vide semble correcte.

Exemple concret : diagnostiquer un problème de télécommande

Symptôme: La télécommande du téléviseur ne fonctionne pas, même après le nettoyage.

Étape 1 : Ouvrez le compartiment à piles et testez chaque pile AA.

Étape 2 : L'un lit 1,56 V, l'autre 1,29 V.

Conclusion: Une batterie faible peut provoquer un dysfonctionnement. Remplacez les deux pour de meilleures performances.

Avec seulement quelques minutes de pratique, vous pouvez maîtriser le test des diodes et des piles domestiques à l'aide de votre multimètre numérique. Ces compétences de base peuvent vous aider :

- Réparer l'électronique défectueuse
- Économisez de l'argent en identifiant les piles mortes
- Dépanner les circuits en toute confiance

Souviens-toi:

- Les diodes ne doivent conduire que dans une seule direction.
- Les batteries doivent afficher des tensions proches de leurs valeurs nominales.
- Testez toujours en toute sécurité et vérifiez vos lectures.

Chapitre 7 : Applications pratiques à la maison

Félicitations pour avoir atteint ce chapitre pratique ! Maintenant que vous avez appris les bases de l'utilisation d'un multimètre numérique, il est temps de mettre vos connaissances en pratique. L'un des aspects les plus gratifiants de posséder un multimètre est de pouvoir dépanner et tester les appareils et composants électriques de votre maison. Que vous vérifiiez une prise de courant, un interrupteur ou une rallonge, votre multimètre est l'outil de diagnostic idéal pour le bricolage.

Dans ce chapitre, nous vous présenterons des scénarios domestiques réels dans lesquels votre multimètre devient un héros. Ces guides étape par étape vous montreront comment procéder de manière sûre et efficace :

1. Vérifiez les prises de courant
2. Testez les interrupteurs et les ampoules
3. Diagnostiquer les cordons et chargeurs cassés
4. Vérifiez les rallonges et les fusibles

Commençons !

1. Vérification des prises de courant

Les prises de courant (également appelées prises murales) sont essentielles dans toute maison. Si l'on arrête de travailler, cela peut perturber votre routine ou indiquer un problème électrique plus profond. À l'aide d'un multimètre, vous pouvez vérifier si une prise fournit la bonne tension.

Outils nécessaires :
- Multimètre numérique
- Prise fonctionnant correctement
- Gants de protection (recommandés)

Mesures:

Étape 1 : réglez votre multimètre
Tournez le cadran de votre multimètre sur Tension alternative (souvent étiquetée « V~ »). La plupart des prises domestiques fournissent environ 110 à 120 volts CA aux États-Unis, ou 220 à 240 volts dans de nombreux autres pays.

Étape 2 : Insérez les sondes
Prenez la sonde noire et insérez-la dans la fente neutre (plus grande) de la prise. Ensuite, insérez la sonde rouge dans la fente chaude (la plus petite).

Étape 3 : Lire l'affichage

Votre multimètre doit afficher une lecture proche de la tension standard de votre pays (par exemple, 120 V ou 230 V). Si vous n'obtenez aucune lecture ou une valeur nettement inférieure, la prise est peut-être défectueuse.

Étape 4 : Testez le terrain

Pour vérifier si la prise est correctement mise à la terre, placez la sonde noire dans la fente de terre et la sonde rouge dans la fente chaude. Vous devriez obtenir la même lecture de tension qu'à l'étape 3.

Conseils de dépannage :

- Pas de lecture ? Vérifiez le disjoncteur ou la boîte à fusibles.
- Des lectures beaucoup plus faibles que prévu ? Problème de câblage possible ou connexion lâche.
- Lecture supérieure à la normale ? Inhabituel et potentiellement dangereux : contactez un électricien.

2. Test des interrupteurs et des ampoules

La lumière ne s'allume pas ? Le problème vient-il de l'ampoule, de l'interrupteur ou du câblage ? Découvrons-le.

Tester une ampoule :

Étape 1 : Réglez le multimètre en mode continuité

Basculez le cadran sur continuité (souvent représenté par un symbole d'onde sonore ou un symbole de diode). Si votre compteur ne dispose pas de cela, réglez-le sur la résistance (Ω).

Étape 2 : testez l'ampoule

Retirez l'ampoule de sa douille. Touchez une sonde à la base métallique et l'autre à la pointe. Pour de bonnes ampoules :

- En mode continuité, le multimètre émettra un bip.
- En mode résistance, vous obtiendrez une lecture (généralement inférieure à 100 ohms).

S'il n'y a pas de bip ou si l'écran affiche « OL » (boucle ouverte), l'ampoule est morte.

Test d'un interrupteur :

Étape 1 : Coupez l'alimentation

La sécurité avant tout. Accédez à votre boîtier de disjoncteurs et coupez le circuit qui alimente l'interrupteur.

Étape 2 : retirez le couvercle de l'interrupteur

Utilisez un tournevis pour dévisser la façade et exposer les bornes du commutateur.

Étape 3 : Réglez le multimètre sur Continuité
Encore une fois, utilisez le paramètre de continuité.

Étape 4 : testez les terminaux
Avec l'interrupteur en position ON, touchez une sonde à chaque vis de borne. Le compteur devrait émettre un bip. Avec l'interrupteur en position OFF, il ne devrait pas émettre de bip.

Si les résultats ne correspondent pas, votre commutateur est peut-être défectueux.

3. Diagnostiquer les cordons et chargeurs cassés

Un chargeur de téléphone ou un cordon d'appareil qui ne fonctionne pas n'a peut-être pas besoin d'être remplacé ; il vous suffit peut-être de réparer une panne ou un court-circuit.

Test de continuité dans un cordon :

Étape 1 : Débranchez le cordon
Ne testez jamais un cordon sous tension. Assurez-vous qu'il est déconnecté de toutes les sources d'alimentation.

Étape 2 : Réglez le multimètre sur Continuité

Branchez les sondes noire et rouge respectivement sur les ports COM et VΩ.

Étape 3 : Sonder les extrémités

Touchez une sonde à une extrémité du fil (par exemple, la broche de la fiche) et l'autre au fil correspondant à l'extrémité opposée (par exemple, la pointe du chargeur).

- Si vous entendez un bip, ce fil est intact.
- Pas de bip ? Il y a probablement une pause quelque part.

Répétez le test pour le(s) autre(s) fil(s). Un chargeur typique comporte au moins deux fils, parfois plus.

Inspection du point de rupture :
- La plupart des dommages se produisent à proximité du bouchon ou aux points de tension.
- Vous pouvez plier doucement le cordon pendant le test pour voir si un bip va et vient. Cela indique une pause intermittente.

Conseil de pro : Pour les cordons fixes (comme les cordons d'aspirateur), testez les vis des bornes de l'appareil si elles sont accessibles.

4. Vérification des rallonges et des fusibles

Les rallonges sont souvent tordues, piétinées ou endommagées, ce qui entraîne des conditions dangereuses ou un échec de travail.

Test d'une rallonge :

Étape 1 : Débranchez le cordon
Comme toujours, la sécurité avant tout : pas de tests en direct.

Étape 2 : utiliser le mode continuité
Touchez une sonde à la broche de la fiche (chaude, neutre ou terre) et l'autre au trou correspondant sur l'extrémité de la prise.

- Si le multimètre émet un bip, le fil est bon.
- Sinon, cette section est endommagée.

Testez les trois chemins : chaud (broche plus courte), neutre (broche plus longue) et terre (broche ronde si disponible).

Test des fusibles :

Les fusibles sont des composants de sécurité qui coupent le circuit lorsque trop de courant le traverse.

Étape 1 : Retirez le fusible

Retirez le fusible du circuit ou de l'appareil.

Étape 2 : Réglez le multimètre sur Continuité ou Résistance

Touchez chaque extrémité du fusible avec vos sondes.

- Continuité : Un bip = bon fusible.
- Résistance : Une valeur de résistance faible (proche de 0) = bon fusible.

Pas de bip ou résistance très élevée ? Le fusible est grillé.

Tableau 4 : Résumé visuel : Tableau des tests à domicile

Application	Réglage du multimètre	Que rechercher
Tension de prise de courant	Tension CA	110-120 V ou 220-240 V selon la région

Ampoule	Continuité / Résistance	Bip ou faible résistance (moins de 100 ohms)
Interrupteur d'éclairage	Continuité	Bip en position ON, pas de bip en position OFF
Cordon de chargeur de téléphone	Continuité	Bip = fil intact, pas de bip = fil cassé
Rallonge électrique	Continuité	Bip = fonctionne, pas de bip = dommage
Fusible	Continuité / Résistance	Bip ou résistance proche de zéro = bon fusible

Conclusion : faire de votre multimètre un allié domestique

Avec un multimètre numérique et un peu de pratique, vous avez désormais le pouvoir de résoudre de nombreux problèmes électriques quotidiens à la maison. Plus besoin de deviner si un chargeur est mort ou d'appeler un électricien pour une simple vérification de la prise.

Ces compétences pratiques vous permettent non seulement d'économiser du temps et de l'argent, mais elles renforcent également votre confiance dans le travail avec l'électricité de base. N'oubliez pas : donnez toujours la priorité à la sécurité, vérifiez les paramètres de votre multimètre et prenez votre temps.

Au fur et à mesure que vous vous sentirez plus à l'aise, vous découvrirez encore plus d'utilisations, comme vérifier les composants de l'appareil, vérifier les fils des haut-parleurs ou tester les lumières du jardin. Votre multimètre est plus qu'un outil ; c'est votre laboratoire de diagnostic personnel à domicile.

Chapitre 8 : Applications automobiles

Les multimètres numériques ne sont pas uniquement destinés aux travaux électriques domestiques : ils sont également incroyablement utiles pour les diagnostics automobiles. Que vous ayez affaire à une batterie déchargée, à un problème électrique mystérieux ou que vous effectuiez simplement un entretien de routine, un multimètre peut être votre meilleur outil sous le capot. Dans ce chapitre, nous passerons en revue quatre applications automobiles essentielles d'un multimètre numérique : tester les batteries de voiture, diagnostiquer les fusibles grillés, vérifier la tension de l'alternateur et détecter les décharges parasites de la batterie. Allons-y.

1. Tester les batteries de voiture

Une batterie de voiture en bonne santé est essentielle au démarrage de votre véhicule et au fonctionnement de ses systèmes électriques. Un multimètre numérique peut déterminer rapidement si votre batterie est en bon état ou doit être remplacée.

Ce dont vous avez besoin :
- Un multimètre numérique (DMM)
- Accès aux bornes de la batterie de la voiture (positives et négatives)

Étapes pour tester une batterie de voiture :

1. Réglez le multimètre sur la tension CC :

- Tournez le cadran de votre multimètre sur la plage 20 V CC (DCV). La plupart des batteries de voiture fonctionnent autour de 12,6 V.

2. Éteignez la voiture :

- Assurez-vous que le moteur et tous les accessoires électriques sont éteints.

3. Connectez les cordons de test :

- Fil rouge vers la borne positive de la batterie.
- Fil noir vers la borne négative de la batterie.

4. Lisez la tension :

- Une batterie saine doit lire entre 12,4 V et 12,7 V.
- En dessous de 12,4 V, cela peut indiquer une batterie partiellement déchargée.
- En dessous de 12,0 V, cela signifie généralement que la batterie doit être rechargée ou remplacée.

Test de charge facultatif :

- Demandez à quelqu'un de démarrer la voiture pendant que vous surveillez la tension. Une batterie saine ne doit pas descendre en dessous de 10V lors du démarrage. Si tel est le cas, la batterie est peut-être faible.

2. Diagnostic des fusibles grillés

Les fusibles protègent les composants électriques de votre voiture en coupant le circuit si le courant est trop élevé. Si une fonction spécifique (radio, éclairage, vitre électrique) ne fonctionne plus, un fusible grillé peut en être la cause.

Ce dont vous avez besoin :
- Multimètre numérique avec réglage de continuité ou de résistance
- Accès à la boîte à fusibles de la voiture (généralement sous le tableau de bord ou le capot)

Étapes pour tester un fusible grillé :
1. Coupez le contact de la voiture :
- La sécurité avant tout ! Assurez-vous que la voiture est complètement éteinte.

2. Retirez le fusible suspecté :
- Utilisez des extracteurs de fusibles ou des pinces pour un retrait facile.

3. Réglez le multimètre sur Continuité ou Ohms :
- Si votre multimètre numérique dispose d'un buzzer de continuité, c'est l'idéal.

4. Testez le fusible :

- Touchez les fils du multimètre aux contacts métalliques du fusible.
- Si le multimètre émet un bip ou affiche une faible résistance (près de 0 ohm), le fusible est bon.
- S'il n'y a pas de bip ou une lecture de résistance très élevée (OL ou infinie), le fusible est grillé.

Conseil de pro :

- Vous pouvez tester le fusible en place en touchant les contacts exposés sur le dessus du fusible sans le retirer (si accessible).

3. Vérification de la tension de l'alternateur

Votre alternateur charge la batterie et alimente les systèmes électriques de votre véhicule lorsque le moteur tourne. Un alternateur défectueux peut provoquer une batterie morte ou un comportement électronique erratique.

Ce dont vous avez besoin :

- Un multimètre numérique
- Accès aux bornes de la batterie

Étapes pour vérifier la sortie de l'alternateur :
1. Démarrez la voiture :

- Laissez-le tourner au ralenti et assurez-vous que tous les accessoires sont éteints.

2. Réglez le multimètre sur la tension CC (plage 20 V) :
- Identique au test de batterie.

3. Connectez les cordons de test :
- Rouge au positif, noir au terminal négatif.

4. Observez la lecture :
- Un alternateur fonctionnant correctement doit lire entre 13,8 V et 14,8 V.
- En dessous de 13,5 V, cela peut indiquer une sous-charge.
- Plus de 15 V pourrait suggérer une surcharge ou un régulateur de tension défectueux.

5. Test sous charge :
- Allumez les phares, la radio et la climatisation.
- La tension doit rester supérieure à 13,4 V. Une baisse importante signifie que votre alternateur risque de ne pas suivre sous charge.

4. Trouver une décharge parasite de la batterie

Des fuites parasites se produisent lorsque les composants électriques continuent de consommer de l'énergie après l'arrêt de la voiture, ce qui entraîne une décharge de la batterie pendant la nuit ou après quelques jours d'inactivité.

Ce dont vous avez besoin :
- Un multimètre numérique avec mesure d'ampèremètre
- Un extracteur de fusible ou une pince

Étapes pour détecter les drains parasites :

1. Éteignez la voiture et retirez la clé :
- Assurez-vous que tout est éteint et laissez la voiture reposer pendant au moins 30 minutes.

2. Réglez le multimètre sur DC Amps :
- Choisissez d'abord le réglage 10A pour être sûr.

3. Débranchez le câble négatif de la batterie :
- Utilisez une clé et détachez soigneusement le câble.

4. Connectez le multimètre en série :
- Fil rouge vers le câble de la batterie déconnecté.
- Fil noir vers la borne négative de la batterie.

5. Lisez le tirage d'ampérage :

- Un tirage typique doit être inférieur à 50 mA (0,050 A).
- Tout ce qui dépasse 100 mA est considéré comme excessif.

6. Localisez le drain :
- Gardez le multimètre connecté.
- Commencez à retirer les fusibles un par un de la boîte à fusibles.
- Lorsque l'ampérage chute de manière significative, vous avez trouvé le circuit à l'origine de la vidange.

7. Enquêter sur le circuit problématique :
- Vérifiez les composants alimentés par ce fusible (éclairage de la boîte à gants, alarmes de rechange, etc.).

Remarque de sécurité :
- Soyez toujours prudent lorsque vous mesurez le courant. Assurez une protection adéquate par fusible dans votre DMM pour éviter les dommages internes.

Votre multimètre numérique peut être un outil de diagnostic puissant pour le dépannage automobile. Avec quelques tests de base, vous pouvez :
- Confirmez l'état de votre batterie,

- Identifier les fusibles grillés,
- Assurez-vous que votre alternateur charge correctement,
- Et identifiez les drains parasites qui provoquent des pertes inexpliquées de batterie.

En apprenant et en pratiquant ces techniques, vous économisez non seulement du temps et de l'argent sur les diagnostics professionnels, mais vous approfondissez également votre compréhension du fonctionnement de votre véhicule. La prochaine fois que votre voiture montrera des signes de problème électrique, votre multimètre et vos connaissances seront prêts à prendre les choses en main !

Chapitre 9 : Erreurs courantes liées aux multimètres à éviter

Même les meilleurs outils peuvent être dangereux ou inefficaces s'ils sont mal utilisés. Les multimètres numériques ne font pas exception. Ce sont des instruments essentiels pour le dépannage, le test et l'apprentissage des systèmes électriques et électroniques, mais ils doivent être manipulés avec soin et compréhension. Dans ce chapitre, nous passerons en revue les erreurs les plus courantes commises par les débutants lors de l'utilisation d'un multimètre et comment vous pouvez éviter des dommages coûteux, des fusibles grillés ou même des blessures.

Qu'il s'agisse de mesurer la tension, de vérifier la continuité ou de diagnostiquer un appareil défectueux, la clé est de comprendre les bonnes techniques, les bons réglages et les règles générales de sécurité.

1. Fusibles grillés et comment les éviter

Quelles sont les causes d'un fusible grillé dans un multimètre ?

Un fusible grillé dans un multimètre se produit généralement lorsque :

- Vous essayez de mesurer le courant (ampères) sans déplacer correctement la sonde vers le bon port.
- Vous mesurez un courant qui dépasse la capacité du multimètre.
- Vous essayez de mesurer la tension ou le courant en utilisant un mauvais réglage.
- Le circuit est toujours sous tension lorsque vous essayez de mesurer la résistance ou la continuité.

Les multimètres ont des fusibles internes qui agissent comme un mécanisme de sécurité. Lorsqu'une trop grande quantité de courant circule, le fusible « saute », déconnectant le circuit et protégeant le compteur et l'utilisateur.

Signes d'un fusible grillé
- Le multimètre n'affiche aucune lecture lors du test du courant.
- Le multimètre continue de fonctionner sur la tension mais échoue sur la mesure du courant.
- Vous entendez un léger bruit pendant l'erreur et remarquez une odeur de brûlé ou une décoloration.

Comment éviter de faire sauter un fusible

Voici comment éviter ce problème courant :

un. Connaître les limites d'entrée
- Si votre multimètre est évalué à 10 A maximum, n'essayez jamais de mesurer plus que cela.
- Utilisez une pince multimètre pour les tests de courant élevé (comme les climatiseurs, les appareils industriels, etc.).

b. Déplacez toujours la sonde vers le bon port
- La plupart des multimètres ont différents ports : COM (commun), VΩmA et 10A ou 20A.
- Pour une mesure de courant élevé, déplacez la sonde rouge vers le port 10A.

c. Passez d'abord au bon mode
Ne connectez jamais vos câbles à un circuit sous tension avant de régler le cadran sur la fonction correcte.

d. Remplacez les fusibles par les bons
Si votre fusible saute, remplacez-le par le type exact. L'utilisation d'un mauvais fusible peut être dangereuse ou endommager définitivement votre multimètre.

2. Sélection de plage et de mode incorrecte

Une autre erreur très courante consiste à choisir le mauvais réglage ou la mauvaise plage pour ce que vous mesurez. Cela peut entraîner une confusion, des lectures incorrectes ou endommager votre multimètre.

Comprendre les modes et les plages

Les multimètres peuvent mesurer :

- Tension (AC ou DC)
- Courant (AC ou DC)
- Résistance
- Continuité
- Vérification des diodes
- Et parfois plus (comme la fréquence ou la température)

Chacun de ces paramètres comporte généralement plusieurs plages : par exemple, la tension peut inclure 2 V, 20 V, 200 V, 600 V, etc.

Erreurs que font souvent les débutants

- Mesure de la tension alternative en mode DC, ce qui entraîne une lecture confuse ou inexacte (ou zéro).
- Mesurer la tension en mode courant ou résistance, ce qui peut endommager le compteur.
- Utilisation incorrecte du mode de plage manuelle et attente d'une sélection automatique du compteur.
- Mesurer une haute tension sur un réglage basse tension, risquant d'être endommagé ou blessé.

Exemple concret

Disons que vous souhaitez mesurer la tension d'une prise de courant (~120 V ou 230 V selon votre pays), mais que votre cadran est réglé sur 20 V DC :

- Vous obtiendrez soit une lecture de surcharge, une erreur clignotante, soit un fusible interne qui fera sauter.

Comment éviter les erreurs de mode et de plage

un. Vérifiez à nouveau le réglage du cadran

- Avant de toucher des fils ou des circuits, vérifiez que le multimètre est réglé sur la fonction correcte (AC ou DC, volts, ampères, etc.).
- La plupart des multimètres numériques adaptés aux débutants ont des étiquettes claires et émettent souvent un bip s'ils sont mal utilisés.

b. Utiliser la plage automatique si disponible

- De nombreux multimètres numériques sont dotés de fonctionnalités de sélection automatique. Ceux-ci sélectionnent automatiquement la meilleure plage et réduisent le risque d'erreur de l'utilisateur.

c. Connaissez votre type de mesure

- Batteries et électronique = DC
- Prises murales domestiques = AC
- Continuité/diodes = Circuit non alimenté

d. Utiliser des étiquettes de référence

Vous pouvez également ajouter des notes autocollantes ou des marqueurs à proximité des positions courantes que vous utilisez, notamment pendant la pratique, pour vous aider à mémoriser le mode correct pour chaque mesure.

3. Risques pour la sécurité dus à une utilisation inappropriée

Les multimètres sont des outils puissants, mais s'ils sont utilisés avec négligence, ils peuvent présenter de graves risques pour l'appareil et pour votre sécurité personnelle.

Principaux risques pour la sécurité des multimètres

- Choc électrique en touchant des fils sous tension.
- L'arc clignote en court-circuitant un courant élevé.
- Endommager les composants électroniques sensibles avec des réglages incorrects.

- Brûlures ou cordons de test fondus dus à des circuits surchargés.

Étude de cas : un accident réel

Un débutant a essayé de mesurer la résistance sur une prise secteur sous tension. Le multimètre a déclenché une étincelle, a fait sauter un fusible et a légèrement brûlé le plastique. Heureusement, ils n'ont pas été blessés, mais cela aurait pu être pire.

Le problème ? La mesure de résistance ne doit être effectuée que sur des circuits non alimentés.

Règles de sécurité d'or pour l'utilisation du multimètre

un. Ne mesurez jamais la résistance ou la continuité sur un circuit sous tension
C'est l'erreur la plus dangereuse. Coupez toujours l'alimentation avant d'effectuer des tests de continuité ou de résistance.

b. Commencez par la plage de tension la plus élevée
En cas de doute sur le niveau de tension, commencez par le réglage de la plage la plus élevée et diminuez pour éviter une surcharge.

c. Utilisez une seule main pour sonder

Pour éviter un chemin de courant traversant votre cœur, utilisez toujours une main et gardez l'autre derrière votre dos si possible. Utilisez des gants isolés si vous travaillez à haute tension.

d. Inspecter les fils de test
Avant d'utiliser votre multimètre :
- Vérifiez l'isolation fissurée ou les connexions desserrées sur vos sondes.
- Remplacez immédiatement les cordons de test usés.

e. Choisissez un multimètre avec des cotes de sécurité
Rechercher:
- Classements CAT II / CAT III / CAT IV en fonction de vos besoins de tests.
- Entrées fusionnées
- Protection contre les surcharges

Comprendre les évaluations CAT
- CAT I – Pour les appareils électroniques (comme les circuits alimentés par batterie).
- CAT II – Pour les appareils électroménagers et les prises domestiques.
- CAT III – Pour le câblage des bâtiments et les panneaux de distribution.

- CAT IV – Pour les connexions utilitaires (branchement de service, extérieur).

Conseils bonus pour des mesures sûres et précises

- Étiquetez les ports et câbles de votre multimètre avec du ruban adhésif coloré pour une identification rapide.
- Ne vous précipitez pas lorsque vous passez d'un mode à l'autre ; arrêtez-vous toujours et confirmez vos paramètres.
- Entraînez-vous d'abord sur des circuits connus et sûrs comme les piles AA, avant de passer à des fils ou des appareils sous tension.
- Rangez correctement votre multimètre, à l'abri de l'humidité ou des températures extrêmes.

Les erreurs avec un multimètre numérique sont courantes, surtout pour les débutants, mais elles sont toutes évitables. Ce chapitre vous a montré comment éviter les trois principaux pièges : les fusibles qui grillent, la mauvaise utilisation des paramètres et la création de risques pour la sécurité.

En suivant les meilleures pratiques, en comprenant les fonctions de votre multimètre et en respectant les règles de sécurité électrique, vous renforcerez votre confiance et vos compétences dans vos mesures. Chaque test devient une opportunité d'apprentissage et, avec le temps, vous passerez de débutant à pro du multimètre.

Chapitre 10 : Maintenance et étalonnage

L'entretien de votre multimètre numérique est essentiel pour garantir la précision, la sécurité et la fiabilité à long terme. Un multimètre bien entretenu fournit non seulement des lectures cohérentes, mais vous protège également des risques potentiels de mauvaise manipulation, en particulier lorsque vous travaillez avec des circuits haute tension. Dans ce chapitre, nous aborderons tout ce que vous devez savoir sur l'entretien de votre multimètre numérique, le remplacement des piles et des fusibles et la compréhension de l'importance de l'étalonnage.

1. Prendre soin de votre multimètre

Un entretien approprié commence dès le déballage de votre multimètre numérique. Ces appareils peuvent sembler robustes, mais ils contiennent des composants sensibles qui peuvent se dégrader sans manipulation appropriée. Explorons les meilleures pratiques pour garantir que votre multimètre reste en parfait état.

un. Conserver dans un endroit sûr et sec

L'humidité est l'un des principaux ennemis des appareils électroniques. Lorsqu'il n'est pas utilisé, rangez votre multimètre dans un endroit propre et sec. La plupart des multimètres sont livrés avec un étui de protection : utilisez-le ! Cela éloigne la poussière, l'humidité et les dommages accidentels.

b. Évitez les températures extrêmes
Ne laissez pas votre multimètre dans des environnements extrêmement chauds ou froids, comme le tableau de bord d'une voiture. Les températures extrêmes peuvent affecter l'électronique interne, entraînant des lectures inexactes ou des dommages à l'écran LCD.

c. Nettoyez-le régulièrement
Utilisez un chiffon doux légèrement humide pour nettoyer la surface de votre multimètre. Évitez les nettoyants chimiques, en particulier ceux contenant de l'alcool ou des solvants, car ils pourraient endommager les pièces en plastique ou l'isolation en caoutchouc. Nettoyez également les cordons de test, surtout après des tests dans des environnements sales ou gras.

d. Protéger l'écran d'affichage
L'écran LCD est souvent la partie la plus vulnérable de votre multimètre. Pensez à utiliser un protecteur d'écran ou assurez-vous qu'il est rangé face vers le bas dans son étui. Évitez de placer des objets lourds dessus.

e. Inspectez fréquemment les fils et les sondes

Vérifiez vos fils et sondes pour détecter tout signe d'usure, d'effilochage ou d'isolation endommagée. Des câbles défectueux peuvent entraîner des mesures inexactes et présenter des risques pour la sécurité. Remplacez-les immédiatement si des dommages sont détectés.

f. Ne surchargez pas le compteur

Commencez toujours à mesurer avec la plage la plus élevée disponible, puis réduisez-la si nécessaire. Mesurer une tension ou un courant au-delà de la capacité nominale de votre multimètre peut endommager les circuits internes.

g. Utilisez le bon port pour le travail

Une erreur courante du débutant consiste à laisser la sonde dans le port d'ampérage pendant la mesure de la tension. Vérifiez toujours votre sélection de port avant de prendre une mesure. Une mauvaise utilisation des ports peut provoquer des dommages internes ou faire sauter un fusible.

h. Manipuler avec soin

Évitez de faire tomber votre multimètre. Même s'il semble intact, une chute peut déloger des composants internes ou fissurer le circuit imprimé. Utilisez un étui ou un étui en caoutchouc pour une protection supplémentaire, en particulier sur les chantiers.

2. Comment remplacer les piles et les fusibles

La plupart des multimètres fonctionnent avec des piles standard, généralement de type 9 V ou AA. Les fusibles internes servent de protection contre les surcharges, notamment lors des tests d'ampérage. Savoir comment remplacer correctement les deux garantit que votre compteur est toujours prêt à l'action.

un. Quand remplacer la batterie

Certains multimètres affichent un indicateur de batterie faible, généralement un symbole clignotant ou les lettres « LoBat ». Une batterie faible peut affecter la précision de vos lectures. Remplacez toujours la batterie dès que l'avertissement apparaît.

b. Étapes pour remplacer la batterie :

1. Éteignez le multimètre et débranchez les cordons de test.
2. Localisez le compartiment de la batterie, généralement à l'arrière de l'appareil.
3. Utilisez un tournevis pour retirer le couvercle de la batterie.

4. Retirez l'ancienne batterie et remplacez-la par une nouvelle du même type.

5. Fixez le couvercle et allumez l'appareil pour vous assurer qu'il fonctionne correctement.

Conseil: Ne stockez jamais le multimètre pendant de longues périodes avec la batterie installée. Les piles qui fuient peuvent corroder les composants internes.

c. Remplacement d'un fusible grillé

Si votre multimètre arrête soudainement de mesurer le courant ou n'affiche aucune réponse en mode ampérage, il est probable que le fusible interne ait grillé.

Comment identifier un fusible grillé :

- Aucune continuité aux bornes du fusible.
- L'inspection visuelle peut révéler un filament cassé ou un verre noirci.

d. Étapes pour remplacer un fusible :

1. Éteignez le multimètre et retirez tous les cordons de test.

2. Ouvrez le boîtier arrière (vous devrez peut-être dévisser plusieurs vis).

3. Localisez le(s) fusible(s) à proximité des prises d'entrée.

4. Retirez délicatement le fusible grillé.

5. Remplacez-le par un fusible identique : consultez le manuel pour connaître la valeur nominale exacte (par exemple, fusible à fusion rapide de 11 A, 250 V).
6. Remontez le multimètre.

Avertissement: Ne remplacez jamais un fusible par un fusible d'un calibre différent et n'utilisez jamais de papier d'aluminium. Cela peut contourner le système de protection et présenter de graves dangers.

e. Prévenir les fusibles grillés
- Vérifiez toujours vos paramètres avant de mesurer le courant.
- Ne mesurez pas le courant sur un réglage de tension.
- Ne dépassez pas les limites actuelles de votre multimètre.

3. Quand et comment calibrer votre appareil

L'étalonnage garantit que votre multimètre conserve sa précision au fil du temps. Bien que les multimètres numériques soient plus stables que les multimètres analogiques, même les meilleurs appareils peuvent dériver en raison du vieillissement des composants, des changements de température ou d'une utilisation fréquente.

un. Pourquoi l'étalonnage est important

Un multimètre même légèrement déréglé peut vous induire en erreur dans le diagnostic d'un problème électrique. L'étalonnage garantit la confiance dans vos lectures, en particulier lorsque vous travaillez avec des circuits sensibles ou des mesures de qualité professionnelle.

b. À quelle fréquence devez-vous calibrer ?

- Utilisation de loisir : Une fois tous les 12 à 24 mois.
- Usage professionnel : Annuel ou semestriel selon l'usage.
- Après un dommage : chaque fois que le multimètre est tombé ou a été soumis à une surcharge électrique.

c. Calibrage DIY ou professionnel

Certains multimètres d'entrée de gamme ne peuvent pas être calibrés par l'utilisateur et nécessitent un entretien professionnel ou un retour au fabricant. Les modèles milieu à haut de gamme peuvent inclure des potentiomètres de trim ou des menus d'étalonnage internes.

d. Calibrage DIY de base (si pris en charge) :

Outils dont vous aurez besoin :

- Une source de tension de référence connue (par exemple, un étalon de tension ou une alimentation de précision)
- Résistances aux valeurs connues et précises
- Un multimètre secondaire avec un étalonnage certifié (à titre de comparaison)

Mesures:

1. Réglez votre multimètre pour mesurer la tension continue.

2. Connectez-le à la tension de référence.

3. Comparez la lecture à la valeur connue.

4. Si votre multimètre permet un réglage (via un logiciel ou des trimmers internes), ajustez-le jusqu'à ce qu'il corresponde.

5. Répétez le processus pour les plages de résistance et de courant.

Note: Certains compteurs numériques nécessitent un logiciel spécialisé ou des gabarits de test pour l'étalonnage. Consultez votre manuel.

e. Services d'étalonnage professionnels

Pour des résultats précis et traçables, envisagez de faire appel à un laboratoire d'étalonnage. Ces prestations :

- Utiliser les normes traçables NIST (National Institute of Standards and Technology)
- Fournir un certificat d'étalonnage

- Assurez-vous que votre appareil répond aux normes de mesure internationales

Ceci est particulièrement utile pour les ingénieurs, techniciens ou professionnels ayant besoin de documentation pour des audits ou la conformité.

f. Signes que votre multimètre a besoin d'être calibré

- Lectures incohérentes sur des circuits identiques
- Les valeurs de tension ou de résistance dérivent avec le temps
- Incompatibilité avec un autre multimètre de confiance
- Échec d'un test de continuité sur un fil fonctionnel

Votre multimètre numérique est un compagnon indispensable pour le dépannage et le diagnostic électrique. Comme tout outil, il nécessite des soins, une maintenance et un calibrage appropriés pour fonctionner de manière optimale. En prenant le temps de le nettoyer régulièrement, de remplacer correctement les piles et les fusibles et d'assurer un étalonnage précis, vous prolongez non seulement la durée de vie de votre multimètre, mais vous améliorez également votre confiance dans chaque mesure que vous prenez.

Chapitre 11 : Guide d'achat d'un multimètre

Lorsque vous entrez dans le monde des tests électriques, votre multimètre numérique devient l'un de vos outils les plus essentiels. Que vous soyez propriétaire, amateur ou technicien débutant, choisir le bon multimètre est essentiel. Dans ce chapitre, nous passerons en revue les principales caractéristiques que vous devriez prendre en compte, passerons en revue certains des meilleurs modèles adaptés aux débutants et comparerons les multimètres économiques et professionnels pour vous aider à prendre une décision éclairée.

1. Quelles fonctionnalités rechercher

Les multimètres numériques (DMM) peuvent varier considérablement en termes de fonctionnalités, de précision, de sécurité et de prix. Voici les caractéristiques les plus importantes à garder à l'esprit lors de l'achat d'un multimètre adapté aux débutants :

A. Capacités de mesure
Au minimum, un bon multimètre doit être capable de mesurer :
- Tension CC (VCC)
- Tension CA (VCA)
- Résistance (Ohms)

- Courant (ampères)
- Continuité (comprend généralement un bip sonore)

Fonctions utiles supplémentaires :
- Capacité (capacités de mesure)
- Fréquence (Hz)
- Test de diodes
- Température (dans les modèles avancés)
- True RMS (pour des lectures AC précises, en particulier avec des formes d'onde non sinusoïdales)

B. Portée et résolution

Recherchez la capacité de sélection automatique. Cette fonctionnalité permet au compteur de sélectionner automatiquement la plage appropriée pour ce que vous mesurez, ce qui simplifie le processus d'apprentissage pour les débutants.

Les multimètres manuels peuvent toujours fonctionner, mais ils nécessitent que l'utilisateur connaisse les valeurs approximatives à l'avance et les ajuste en conséquence.

C. Affichage

Grand écran rétroéclairé : Facilite la lecture dans des conditions de faible luminosité.

- Nombre de chiffres et résolution : recherchez au moins un affichage à 2 000 chiffres. Un 6000 unités est meilleur et souvent encore abordable.

D. Cotes de sécurité

La sécurité est primordiale. Recherchez des multimètres avec une classification CAT :

- CAT I : Faible consommation d'énergie (par exemple, circuits alimentés par batterie)
- CAT II : circuits au niveau domestique (par exemple, prises, appareils électroménagers)
- CAT III : Circuits au niveau de la distribution (par exemple, disjoncteurs, panneaux)
- CAT IV : circuits de niveau service public (par exemple, lignes électriques souterraines ou aériennes)

Pour un usage domestique et automobile, CAT II ou III est suffisant. Recherchez également des entrées à fusibles pour vous protéger contre les surcharges de courant.

E. Qualité de construction

- Boîtier robuste : doit résister aux chutes accidentelles.

- Étui en caoutchouc : offre une protection supplémentaire et une meilleure adhérence.
- Béquille et supports de sonde : utiles pour les tests mains libres.

F. Facilité d'utilisation

Pour les débutants, la simplicité est la clé. Multimètres avec :

- Sélecteurs rotatifs intuitifs
- Étiquetage clair
- Les testeurs de continuité sonore rendent la courbe d'apprentissage beaucoup plus fluide.

G. Batterie et accessibilité

- Remplacement facile de la batterie
- Compartiment à fusibles accessible
- L'indicateur de batterie est un bonus

2. Marques et modèles recommandés pour les débutants

Voici une liste de modèles adaptés aux débutants, fiables, abordables et dotés de fonctionnalités utiles. Chacun de ces modèles équilibre fonctionnalité et simplicité, ce qui les rend excellents pour les utilisateurs débutants :

1. Multimètre numérique AstroAI (TRMS 6000 points)

Gamme de prix : 20 $–30$

Idéal pour : Utilisation électrique domestique, automobile et débutante

Principales caractéristiques :
- Mesure la tension et le courant AC/DC
- Résistance, continuité, fréquence, diode, température
- Écran LCD rétroéclairé
- Sélection automatique
- Protection contre les surcharges

Pourquoi c'est génial : Abordable, robuste et complet pour son prix.

2. Multimètre numérique à plage automatique INNOVA 3320

Gamme de prix : $20 à 35 $

Idéal pour : Usage automobile et domestique

Principales caractéristiques :
- Sélection automatique pour plus de facilité
- Grand écran numérique avec LED à code couleur
- Coins de protection en caoutchouc

Pourquoi c'est génial : Robuste et simple ; idéal pour les utilisateurs qui souhaitent tester les batteries, les fusibles et le câblage des voitures.

3. Klein Tools MM400 ou MM600

Gamme de prix : 40 $ à 60 $

Idéal pour : Propriétaires et techniciens en herbe

Principales caractéristiques :

- Mesure jusqu'à 600 V de tension AC/DC et 10 A de courant.
- Classe de sécurité CAT III 600 V et CAT IV 300 V
- Écran rétroéclairé, sélection automatique

Pourquoi c'est génial : Indice de sécurité plus élevé et conception robuste. Le MM600 est plus avancé mais reste adapté aux débutants.

4. Multimètre numérique de base Fluke 101

Gamme de prix : 45 $ à 60 $

Idéal pour : Amateurs, techniciens et professionnels en formation

Principales caractéristiques :

- Marque de confiance
- Fonctions de base avec une qualité de construction supérieure
- Indice de sécurité CAT III 600 V

Pourquoi c'est génial : Extrêmement fiable et précis. Fluke est considéré comme la référence en matière d'outils de mesure.

5. Multimètre à plage automatique Crenova MS8233D

Gamme de prix : 25 $ à 35 $

Idéal pour : Bricoleurs et débutants en technologie

Principales caractéristiques :
- Écran rétroéclairé à sélection automatique
- Mesure la tension, le courant, la résistance, la diode, la continuité

Pourquoi c'est génial : Facile à utiliser, abordable et parfait pour les tests électriques et électroniques légers.

3. Modèles économiques et modèles professionnels

A. Multimètres économiques

Idéal pour :
- Étudiants
- Les bricoleurs
- Amateurs
- Propriétaires

Avantages :
- Abordable (généralement entre 15 $ et 50 $)
- Facile à utiliser
- Idéal pour apprendre les concepts électriques de base

Limites:

- Cotes de sécurité inférieures
- Moins de précision
- Moins de fonctionnalités avancées
- Pas idéal pour un usage industriel

Exemples :
- Multimètre numérique AstroAI
- INNOVATION 3320
- Crénova MS8233D

Meilleurs cas d'utilisation :
- Tester les prises à domicile
- Dépannage des appareils
- Diagnostic automobile
- Projets électroniques

B. Multimètres professionnels
Idéal pour :
- Électriciens
- Ingénieurs
- Techniciens
- Utilisateurs avancés

Avantages :
- Haute précision
- True RMS et modes de test avancés
- Indices de sécurité de qualité industrielle (CAT III/IV)

- Construction durable

Limites:
- Prix plus élevé (généralement de 70 $ à 300 $ et plus)
- Peut être écrasant pour les débutants

Exemples :
- Fluke 117 (professionnel)
- Outils Klein MM700
- Extech EX570

Meilleurs cas d'utilisation :
- Travaux électriques commerciaux et industriels
- Diagnostic terrain
- Environnements à haute tension

Tableau 5 : Comparaison visuelle : Budget vs Pro :

Fonctionnalité	Multimètre numérique économique	Multimètre numérique professionnel

Gamme de prix	15 $ à 50 $	70 $ à 300 $+
Précision	Basique	Haut
Vrai RMS	Rare ou limité	Standard
Sélection automatique	Souvent inclus	Toujours inclus
Cotes de sécurité	CAT I ou II	CAT III ou IV
Qualité de construction	Basique, une certaine protection	Robuste, résistant aux chocs
Fonctions supplémentaires	Limité	Complet (température, fréquence, journal de données)

Choisir votre premier multimètre ne doit pas nécessairement être une tâche difficile. En tant que débutant, vous devez vous concentrer sur la simplicité, la sécurité et les fonctions de mesure essentielles. Les modèles économiques de marques comme AstroAI, INNOVA et Klein Tools offrent d'excellents points d'entrée dans le monde du diagnostic électrique. Au fur et à mesure que vos compétences évoluent, vous trouverez peut-être utile de passer à un multimètre de qualité plus professionnelle tel que ceux proposés par Fluke ou Extech.

N'oubliez pas qu'un multimètre est plus qu'un outil : c'est votre fenêtre pour comprendre le fonctionnement de l'électricité dans le monde réel. Choisissez donc un appareil qui encourage l'apprentissage et l'expérimentation, tout en offrant la sécurité et la fiabilité dont vous avez besoin.

Chapitre 12 : Dépannage avec un multimètre

Le dépannage des problèmes électriques est l'une des compétences les plus précieuses que vous puissiez développer à l'aide d'un multimètre numérique. Que vous travailliez sur un projet électronique de bricolage, diagnostiquiez un appareil défectueux ou vérifiiez le câblage de votre voiture, votre multimètre est votre partenaire de diagnostic le plus fiable.

Dans ce chapitre, nous vous expliquerons comment identifier les composants défectueux, décomposer un processus de diagnostic simple et efficace et appliquer vos compétences à travers des scénarios pratiques réels.

1. Comment identifier les composants défectueux

Les composants défectueux d'un circuit peuvent se manifester de plusieurs manières : les appareils ne s'allument pas, les ampoules ne s'allument pas, les piles se déchargent trop rapidement ou quelque chose ne fonctionne tout simplement pas comme il le devrait. Votre travail consiste à identifier le problème à l'aide de votre multimètre.

Voici comment vérifier les composants courants :

A. Résistances

Signe de défaut : Ouvert (résistance infinie) ou valeur de résistance incorrecte.

Comment vérifier :
1. Réglez le multimètre sur le réglage de la résistance (Ω).
2. Placez les sondes de chaque côté de la résistance.
3. Comparez la lecture à la valeur codée par couleur ou au schéma de la résistance.

Conseil: Débranchez une extrémité de la résistance du circuit pour éviter les fausses lectures.

B.Condensateurs

Signe de défaut : Court-circuité ou ouvert (perte de capacité).

Comment vérifier :
1. Utilisez le réglage de capacité (si disponible) ou le mode résistance.

2. En mode résistance, recherchez une résistance croissante (charge) suivie d'une valeur élevée ou infinie.

3. En mode capacité, comparez la lecture à la valeur marquée sur le condensateur.

Avertissement: Déchargez toujours les condensateurs avant de les tester, surtout les plus gros !

C. Diodes

Signe de défaut : Court-circuité (faible résistance dans les deux sens) ou ouvert (pas de conduction dans les deux sens).

Comment vérifier :
1. Réglez le multimètre en mode test de diode.
2. Placez la sonde rouge sur l'anode (+) et noire sur la cathode (−).
3. Une diode saine affiche 0,6 V à 0,7 V en avant et « OL » (ouvert) en arrière.

D.Transistors

Signe de défaut : Pas de gain ni de jonctions court-circuitées.

Comment vérifier :
1. Utilisez le mode test de diode.

2. Testez les jonctions base-émetteur et base-collecteur (elles doivent se comporter comme des diodes).
3. Vérifiez s'il y a des courts-circuits entre le collecteur et l'émetteur.

E. Fils et connecteurs

Signe de défaut : Fil cassé ou mauvaise connexion.

Comment vérifier :
1. Réglez votre multimètre en mode continuité.
2. Placez les sondes aux deux extrémités du fil ou du connecteur.
3. Un bip indique la continuité (pas de coupure) ; pas de bip = pause possible.

2. Processus de diagnostic étape par étape

Le dépannage devient efficace lorsque vous suivez une méthode systématique. Passer au hasard d'un composant à un autre entraîne de la frustration et des problèmes manqués.

Décomposons un flux de travail de dépannage fiable :

Étape 1 : recueillir des informations

Commencez par comprendre ce que l'appareil est censé faire.

- Est-il mort ou se comporte-t-il de manière erratique ?
- Le problème est-il arrivé soudainement ?
- Y a-t-il eu une surtension ou des dommages physiques ?

Connaître le contexte permet d'affiner les erreurs possibles.

Étape 2 : Inspection visuelle

Avant de toucher votre multimètre, recherchez :

- Marques de brûlure
- Fils cassés
- Connexions lâches
- Condensateurs gonflés ou qui fuient
- Joints de soudure cassés

Conseil d'illustration : Commencez toujours par vérifier les fusibles : de nombreux problèmes commencent par là.

Étape 3 : Vérifiez l'alimentation électrique

La plupart des pannes électroniques proviennent d'une mauvaise source d'alimentation.

- **Appareils CC :** Réglez le multimètre sur la tension CC et vérifiez la sortie de la batterie ou de l'adaptateur secteur.
- **Appareils CA :** Réglez-le sur tension alternative et vérifiez la prise murale ou le transformateur interne.

Si aucune alimentation n'atteint le circuit, vérifiez les connexions en amont.

Étape 4 : tester la continuité

Hors tension :

- Utilisez le mode continuité pour vérifier les fils, les interrupteurs et les fusibles.
- Confirmez que les chemins de circuit ne sont pas interrompus.
- Remuez doucement les fils pendant les tests : des défauts intermittents apparaissent de cette façon.

Étape 5 : tester les composants en isolement

Retirez ou isolez les composants suspects (par exemple, résistances, condensateurs) et testez-les individuellement. Comparez les lectures aux valeurs attendues de la fiche technique ou du schéma de circuit.

Étape 6 : Suivez le flux d'électricité

Pour les circuits complexes, tracez le flux de courant :

- Utilisez le mode tension avec l'appareil allumé (avec précaution !).
- Commencez par la source d'alimentation et avancez le long du chemin du circuit.
- Recherchez l'endroit où la tension disparaît, cela réduit la zone à problème.

Étape 7 : Remplacer ou réparer

Une fois la pièce défectueuse trouvée :

- Remplacez-le par un composant de notation similaire.
- Ressouder les joints cassés.
- Serrez ou rebranchez les fils lâches.

3. Exemples concrets et scénarios pratiques

Pour rendre le dépannage plus réel et plus pratique, explorons quelques problèmes quotidiens sur lesquels votre multimètre brillera.

Scénario 1 : Lampe de poche morte

Problème: La lampe de poche ne s'allume pas.

Étape par étape :
1. Vérifiez les piles – Utilisez le mode tension CC. Une pile AA de 1,5 V doit lire au moins 1,2 V.
2. Vérifiez l'interrupteur – Utilisez le mode continuité. Appuyez sur l'interrupteur et vérifiez la continuité.
3. Vérifiez l'ampoule ou la LED – Si accessible, testez la continuité ou la chute de tension en mode diode.
4. Vérifiez le câblage et les contacts – Recherchez la corrosion ou les contacts à ressort cassés.

Résultat: Si l'interrupteur ne passe pas la continuité, remplacez-le.

Scénario 2 : Le chargeur de smartphone ne fonctionne pas

Problème: Le chargeur est branché mais le téléphone n'est pas alimenté.

Étape par étape :

1. Vérifiez la prise murale – la tension CA doit être ~120 V (États-Unis) ou ~230 V (Royaume-Uni/UE).
2. Vérifiez la sortie USB – Réglez sur la tension CC et testez les broches USB ; devrait afficher ~ 5 V.
3. Vérifiez le câble – Utilisez le mode continuité pour tester chaque extrémité.
4. Vérifiez le port du téléphone – Recherchez des broches pliées ou de la corrosion.

Résultat: Le plus souvent, le câble USB est cassé en interne : remplacez le câble.

Scénario 3 : Batterie de voiture toujours morte

Problème: La batterie de la voiture meurt du jour au lendemain.

Étape par étape :
1. Testez la tension de la batterie – Avec la voiture éteinte, elle devrait indiquer 12,4 V – 12,7 V.
2. Vérifiez la fuite parasite – Utilisez le mode courant continu (commencez par le port 10A). Débranchez la borne négative de la batterie et insérez le multimètre en série.
3. Le tirage normal doit être inférieur à 50 mA. Tout ce qui est plus élevé indique une fuite.
4. Retirez les fusibles un par un – Lorsque le courant chute, vous avez trouvé le circuit coupable.

Résultat: Un voyant défectueux de la boîte à gants qui restait allumé provoquait une vidange.

Scénario 4 : Le micro-ondes arrête de chauffer

Problème: Le micro-ondes s'allume mais ne chauffe pas.

Étape par étape :
1. Vérifiez le fusible – Utilisez le mode continuité pour tester le fusible en céramique interne.
2. Vérifiez les interrupteurs de porte – Test de continuité avec porte ouverte/fermée.
3. Vérifiez le condensateur haute tension – Utilisez le mode résistance pour constater une augmentation de la résistance.
4. Vérifiez le magnétron – Continuité entre les bornes ; rien au cas (court).

Résultat: Fusible haute tension grillé ; remplacé pour résoudre le problème.

Scénario 5 : Le circuit de bricolage ne s'allume pas

Problème: Votre projet de maquette (LED et résistance) ne s'allume pas.

Étape par étape :

1. Vérifiez l'alimentation électrique – Vérifiez que la batterie ou l'adaptateur fournit de la tension.
2. Vérifiez le câblage sur la planche à pain – Utilisez le mode continuité pour les connexions.
3. Vérifiez le mode LED – Diode, assurez-vous qu'il conduit dans un seul sens.
4. Vérifiez la résistance – Vérifiez la valeur de la résistance.
5. Vérifiez l'orientation – les LED sont directionnelles !

Résultat: La LED était inversée. Je l'ai retourné et ça a fonctionné !

Utiliser un multimètre numérique pour dépanner est à la fois un art et une science. Plus vous pratiquez, plus vite vous développerez vos instincts. Commencez par des vérifications simples (alimentation, continuité et état des composants) et travaillez étape par étape.

Chaque problème devient plus facile lorsque vous l'abordez logiquement. Au fur et à mesure que vous gagnerez en confiance, non seulement vous réparerez les choses, mais vous comprendrez comment et pourquoi elles fonctionnent.

Conclusion

Félicitations! Vous avez atteint la fin du manuel complet du multimètre pour débutants et vous avez désormais franchi une étape importante vers la maîtrise de l'un des outils les plus précieux en électronique et en électricité : le multimètre numérique.

Ce qui pouvait autrefois ressembler à un appareil intimidant rempli de symboles, de paramètres et de sondes étranges est désormais quelque chose que vous pouvez utiliser en toute confiance. Vous avez appris non seulement ce qu'est un multimètre, mais également comment il fonctionne, ce qu'il mesure et comment appliquer ses fonctionnalités dans des situations réelles. Prenons un moment pour réfléchir à ce que vous avez appris et comment ces nouvelles connaissances peuvent vous servir dans votre vie de tous les jours, vos projets de bricolage, ou encore votre parcours professionnel.

Un voyage de la curiosité à la compétence
Tout le monde commence quelque part. Peut-être avez-vous choisi ce livre parce que votre prise domestique ne fonctionnait pas, que la batterie de votre voiture était en panne ou qu'un projet d'électronique de bricolage vous a laissé perplexe. Peut-être étiez-vous

simplement curieux de savoir comment tester la tension, la résistance ou la continuité.

Quel que soit votre point de départ, vous avez acquis un nouvel ensemble de compétences. Vous comprenez maintenant les fonctions clés du multimètre (mesure de la tension, du courant et de la résistance), ainsi que les fonctionnalités avancées telles que le test des diodes, la vérification de la continuité, les lectures de capacité, de fréquence et de température (si votre compteur le prend en charge). Plus important encore, vous avez développé une compréhension du comportement des systèmes électriques et de la manière d'utiliser votre compteur pour analyser, tester et dépanner efficacement ces systèmes.

C'est une expérience enrichissante. À chaque test que vous effectuez, vous vous éloignez de l'incertitude et vous rapprochez du contrôle et de la compréhension.

Compétences pratiques avec une valeur réelle

Apprendre à utiliser un multimètre numérique n'est pas seulement un passe-temps ; c'est une compétence de vie. Ce ne sont là que quelques situations réelles dans lesquelles vos nouvelles connaissances peuvent être appliquées :

- Tester les piles domestiques pour savoir si elles sont toujours bonnes.

- Vérifier les prises de courant et les rallonges pour plus de sécurité.

- Diagnostic des problèmes liés aux batteries de voiture, aux alternateurs et aux fusibles.

- Dépannage des appareils électroménagers cassés, des lampes aux grille-pain en passant par les micro-ondes.

- Construction et vérification de circuits dans des projets Arduino, Raspberry Pi ou robotique.

- Assurer la sécurité électrique lors de l'installation de luminaires ou d'interrupteurs.

Ces utilisations quotidiennes mettent en évidence à quel point un multimètre est pratique et précieux, surtout lorsqu'on sait l'utiliser en toute confiance.

La sécurité avant tout – toujours

Tout au long de ce livre, nous avons souligné l'importance de la sécurité. L'électricité est incroyablement utile, mais elle peut aussi être dangereuse si elle est manipulée avec négligence. En tant que débutant, toujours :

- Commencez par les paramètres corrects sur votre compteur.

- Commencez par la gamme la plus élevée et descendez.

- Vérifiez les sondes et les fils pour déceler tout dommage avant utilisation.

- Ne touchez jamais les pointes de sonde métalliques pendant la mesure.

- Utilisez une main lorsque vous sondez des circuits sous tension, en gardant l'autre derrière votre dos.

- Portez un équipement de protection et évitez l'humidité à proximité de l'électricité.

Ces habitudes peuvent sembler basiques, mais elles constituent la base d'une utilisation responsable et sûre du multimètre.

Dépannage : de la supposition au diagnostic

L'une des compétences les plus enrichissantes que vous avez acquises est le dépannage. Avec un multimètre numérique, vous ne remplacez plus aveuglément des pièces ou ne devinez plus ce qui ne va pas : vous testez, vérifiez et diagnostiquez avec précision.

Vous avez appris à identifier les résistances, condensateurs, interrupteurs, fusibles défectueux, etc. Vous savez maintenant comment tracer la tension le long d'un chemin de circuit, tester la continuité, isoler un problème et suivre une approche structurée pour rechercher et résoudre les problèmes. Ce type de réflexion méthodique n'aide pas seulement en électronique ; il développe des compétences en logique, en patience et en pensée critique qui peuvent être appliquées dans d'innombrables domaines de la vie et du travail.

Confiance entre vos mains

La maîtrise du multimètre vous donne la confiance nécessaire pour aborder des projets plus ambitieux. Peut-être que maintenant vous allez réparer cette vieille radio dans le garage, construire une lampe à détecteur de mouvement ou même vous lancer dans la construction d'appareils électroniques personnalisés. La peur de « casser quelque chose » retient souvent les gens, mais avec votre multimètre et les connaissances que vous avez acquises, vous pouvez tester en toute sécurité avant de vous engager dans des modifications ou des réparations.

La confiance grandit avec l'expérience. Plus vous utilisez votre multimètre, plus il devient naturel et intuitif. Bientôt, vous n'aurez même plus besoin de réfléchir à deux fois pour savoir où régler le cadran ou comment positionner vos sondes. Cela devient une seconde nature.

Où aller à partir d'ici

Maintenant que vous avez terminé ce guide du débutant, voici quelques idées pour vos prochaines étapes :

Réalisez des projets électroniques de bricolage simples, comme un circuit LED clignotant ou un interrupteur sensible à la lumière. Ces petites constructions offrent une excellente pratique de l'utilisation de votre multimètre et renforcent votre compréhension de la tension et du flux de courant.

Étudier les schémas et schémas de circuits. Apprendre à lire et à interpréter des schémas ouvrira la porte à des travaux électroniques plus complexes.

Expérimentez avec Arduino ou Raspberry Pi. Ces plates-formes offrent des possibilités créatives infinies, des systèmes d'arrosage automatisés des plantes aux gadgets pour la maison intelligente, et votre multimètre sera essentiel pour dépanner vos créations.

Explorez les circuits CA, le facteur de puissance et l'analyse de fréquence. Si vous souhaitez travailler avec le secteur électrique ou des systèmes audio, il existe un tout nouveau monde à explorer au-delà des bases.

Suivez des cours de sécurité et de certification si vous envisagez de devenir professionnel. De nombreux artisans et ingénieurs ont commencé par une simple pratique du multimètre.

Un outil qui évolue avec vous
La beauté d'un multimètre numérique est qu'il évolue avec vos compétences. Ce qui a commencé comme un outil de vérification des batteries devient le même appareil utilisé dans les diagnostics avancés, l'ingénierie électrique et même les systèmes embarqués. Le même multimètre qui a testé l'interrupteur de votre lampe de poche pourra un jour aider à déboguer la carte d'alimentation d'un drone.

Les multimètres sont des outils intemporels. Qu'ils soient analogiques ou numériques, basiques ou riches en fonctionnalités, ils restent pertinents à travers les générations d'électronique.

Merci et continuez à apprendre

Merci d'avoir choisi ce livre comme guide. Que vous soyez un bricoleur amateur, un étudiant ou quelqu'un qui essaie simplement d'être plus autonome, j'espère que ce manuel a éveillé votre curiosité et votre confiance. Le multimètre numérique n'est qu'un début : il ouvre la porte à une compréhension plus approfondie du fonctionnement des choses, de la manière de les réparer et de la manière de créer quelque chose de nouveau.

Alors que vous poursuivez votre parcours d'apprentissage, n'oubliez pas ceci : chaque professionnel était autrefois un débutant. La différence réside dans la persévérance, la pratique et la volonté de continuer à se demander « pourquoi ? »

Alors continuez à tester, continuez à bricoler et, surtout, continuez à apprendre.

Bonne mesure !

www.ingramcontent.com/pod-product-compliance
Lightning Source LLC
LaVergne TN
LVHW022351060326
832902LV00022B/4387